高效学习

学习高手的 10 个学习习惯

达夫 / 著

中国華僑出版社

·北京·

　　美国学习型组织的倡导者彼得·圣吉曾提出一个现代社会人类的生存公式——学习速度小于变化速度等于死亡。最新的统计资料显示：15世纪全球出版的各种书籍为3万种，16世纪为15万种，19世纪为700万种，20世纪为2.5亿种。科技、工业、农业、商业各个领域的知识和相关著作成倍地增长，过去的20年中出现的信息已经超过了有史以来信息的总和。我们的学习速度必须得到相应的提高，否则就会被时代淘汰。

　　快速掌握大量有效信息的能力对我们的生存和发展越来越重要。掌握高效学习技巧，更快更有效地阅读各种信息可以帮助我们创造成功的人生。学习中，掌握方法和技巧可以提高学习速度和记忆力。生活中，快速阅读大量信息，获得广博的知识，能让你在处理生活琐事、人际关系等问题时游刃有余。工作中，迅速掌握丰富的业务知识，快速搜集行业信息，能让你在激烈的职场竞争中脱颖而出……无论在哪个领域，取得成功的人都是那些能够把握最新资讯的人，只有把握最新资讯才能抓住机遇，获得发展。

学习能力如此重要，但是很多学校的教育忽略了学习能力的培养。现在有很多帮助我们训练学习速度的书籍和机构，不过学习速度并不是学习能力的全部内容。除了学习速度之外，理解力和记忆力也是学习能力的两个重要因素。"读得太快或太慢，都将无所获。"如果读得太快，就会破坏对信息的理解，也很难保证对信息的记忆；如果读得太慢，则会浪费时间，影响学习的进度，不能实现大量学习。正确的学习方法应该是根据不同的学习材料、不同的学习目的，采取不同的学习速度。此外，注意力无法集中、学习效率不高、知识点看过就忘……这些问题我们在学习的过程中都遇到过。

为了帮助广大读者培养良好的学习习惯，迅速提高学习力，本书在科学分析学习原理的基础上，分别从制定学习目标和计划、学习方法、结合兴趣和强项进行学习、集中精力深度学习、主动刻意学习、持续学习、管理学习时间、超级记忆术、输出知识等方面总结了学习高手的10个学习习惯，帮助读者及时走出学习误区，学会真正地高效学习。阅读本书，能帮助你培养良好的学习习惯、迅速提高学习力，实现知识跃迁，迈向成功人生。

习惯一

学习高手在学习前制定明确的目标和计划

——选对方向，比马上开始更重要

习惯二

学习高手用适合自己的方法学习

——方法对，才能事半功倍

习惯三

学习高手结合兴趣和强项进行学习

——兴趣是学习最大的动力和最好的老师

习惯四
学习高手集中精力深度学习
——百门通，不如一门精

习惯五
学习高手经常主动刻意学习
——与时代同步，不断更新自己的知识储备

习惯六

学习高手在学习中敢于有自己独特的见解
——所有学习的终点，都要培养思考能力

习惯七

学习高手用持续学习赢得稳定成长
——终身学习，才能构建长效学习力

习惯八

学习高手都是时间控
　　——做好时间管理，充分利用你的 24 小时

习惯九

学习高手用超级记忆术科学学习
　　——重新开启你的超强大脑

习惯十

学习高手通过输出知识强化学习

—— 能解决实际问题，才是有效学习

学习高手在学习前制定明确的目标和计划

——选对方向，比马上开始更重要

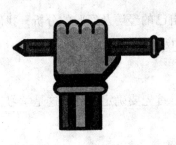

规划你的学习生涯

当今社会充斥着各种各样的竞争，人们只有通过不断地学习，才能改变自己的命运。

那么怎样规划自己的学习生涯呢？以下就是一份学习计划书，不妨参考一下：

一、作好自我评估

自我评估的目的，是为了认识自己、了解自己。只有认识了自己，才能对学习目标作出正确的选择，才能选定适合自己的学习路线，才能为以后的职业生涯目标作出最佳抉择。自我评估应包括自己的兴趣、特长、学识、性格、技能、智商、思维方式和方法、道德水准等。通过对自己的经历及经验的分析，找出自己的专业特长与兴趣，这是学习生涯规划的第一步。

二、确定志向和目标

在制订学习生涯规划时，首先要确定志向，这是学习生涯规划中最重要的一点。

规划要以自己的最佳才能、最优性格、最大兴趣、最有利的环境等信息为依据。

三、充分认识和了解外在环境

包括工作与教育的权利，工作的机会，政治环境、经济环境、社会环境、文化环境的认识与探索等。

四、选择未来职业路线的发展方向

应该问自己，未来的职业向哪一路线发展：是向行政管理路线发展？是向专业技术路线发展？还是先走技术路线，再转向行政管理路线？由于发展路线不同，对职业发展的要求也不相同，所以一定的支持系统是必要的。因此，在职业生涯规划中，必须作出抉择，以便使自己的学习、工作以及各种行动都沿着职业生涯路线或预定的方向前进。通常，学习生涯路线的选择包括：哪一路线能让自己发展，以及能往哪一路线发展。

五、付诸行动

在确定了学习生涯规划后，行动便成了关键的环节。没有行动，目标就难以实现，也就谈不上终身学习。这里所指的行动，是指落实目标的具体措施。例如，为达到目标，在工作方面，应当采取什么措施在提高工作效率的前提下达到学习的目的；在业务素质方面，应计划好该学习哪些知识，掌握哪些技能，以提高工作方面的业务能力；在潜能开发方面，采取什么措施开发个人潜能；等等，都要有具体的计划与明确的措施。并且，这些计划要明晰具体，以便于检查。

六、评估与修订学习生涯规划

影响规划的因素有很多。有的变化因素是可以预测的，而有的变化因素难以预测。在此情况下，要使学习生涯规划行之有效，就必须不断地对其进行评估与修订。修订的内容包括：学习内容的重新选择，学习生涯路线的选择，人生目标的修正，实施措施与计划的变更，等等。当然，计划的制订因人而异，你可以根据自己的情况稍作调整，而计划制订的最终目的是为了执行，所以，你以后的行动就更为重要了。

即使步入了职场，也不能忘记学习。只有不断补充知识，才能使自己更有价值，更有竞争力。

优秀的学习计划是提高个人能力的蓝图

做任何事情要想取得成功，都必须在行动前制订一个详尽的计划，学习也不例外。学习计划是提升个人能力的蓝图，制订良好的学习计划，可以帮助我们有效地提高学习效率，提高自身能力。

哈佛大学教授斯坦利·霍夫曼说："不管如何，要想提高学习的效率，不可或缺的是要制订详细的学习计划。"这句话对于在学习中爱拖拉、爱空想的人来说，显然很有帮助。

在学习的过程中，我们时常看到一些同学东走走西逛逛，左看看右翻翻，好像没什么事可做。这实际上是一种没有明确的目标、随遇而安的学习态度，在很大程度上是没有为自己制订一个详细的学习计划造成的。

计划性强的人，什么时间做什么事是非常有规律的，他们做完一件事后就会立刻去做另一件事，从来不会有无所事事、毫无目标的状况出现。他们对时间也抓得十分紧，不会轻易把大好时光白白浪费掉。

详细的学习计划使你的各项学习活动目标明确，在你努力争取自己的学习按计划进行时，有时也会出现一些意想不到的情况，从而影响计划的进行，如最近工作骤增、有一个比较困难需要花大把时间的项目等，这些往往都会打乱我们的学习计划。

遇到这些情况，千万不能急躁，或者仍然死板地按计划进行，而是要及时调整自己的学习计划，增强计划的可行性，以适应变化了的学习情况。有时在计划实施的过程中会遇到困难，这时就需要你用坚强的意志努力克服，排除诱惑。在实施计划时，每克服一个困难，完成一项任务，你就会在享受胜利喜悦的同时，增强克服学习中困难的信心和勇气。

下面是制订学习计划时应注意的一些问题。

1. 计划要全面。计划里除了有学习的时间外，还应当有为集体服务的时间；有保证睡眠的时间；有娱乐活动的时间。计划里不能只有三件事：吃饭、睡觉和学习。

2. 长计划和短安排。在一个比较长的时间内究竟干些什么，应当有个大致计划。例如，一个学期、一个学年应该有个长计划。有长计划，还要有短安排，否则长计划要实现的目标不容易达到。

3. 突出重点，兼顾一般。所谓重点：一是指自己学习中的弱科，二是指知识体系中的重点内容。制订计划时，一定要集中时间、集中精力来攻下重点。

4. 不要脱离学习的实际。有些同学制订计划时满腔热情，想得很好，可行动起来却寸步难行，这是目标定得过高、计划订得过死、脱离实际的缘故。

5. 不要太满、太死、太紧。要留出时间，使计划有一定的机动性，这样完成计划的可能性就增加了。

6. 脑力活动与体力活动相结合。在安排计划时，不要长时间地从事单一活动，学习和体育活动要交替安排。比如，学习了一下午，就应当去锻炼一会儿，再回来学习。锻炼时运动中枢兴奋，而其他区域的脑细胞就得到了休息。

如果你长期按计划学习和生活，到时间就起床，到时间就睡觉，该学习时就集中精力学习，该锻炼身体时就锻炼身体。这样会使学习生活很有规律，你也能逐渐养成良好的学习习惯。这种良好的学习习惯可大大提高学习效率和学习质量，增强自身的能力。

有目标有计划地积累知识

你是否曾立志做一个无所不知的通才？其实，不同的社会有着不同的需求，对人才的知识结构要求也不尽相同。善于根据社会需求而随时调整自己的人，才会常胜不败。

大家都喜爱福尔摩斯吧。他是英国作家柯南·道尔笔下的著名侦探。他勇敢机警，具有高超的侦探、分析、推理、判断才能。比如，瞟一眼，他就可以猜出某人的大致经历；关于烟灰，他能够辨识 140 多种；对各种不同职业人的手形他极为熟悉；就是凭裤管上的几片泥点，也可判断罪犯作案的行迹……

福尔摩斯侦探故事对人的启发之大，就连爱因斯坦在写《物理学的进化》一书时，也忍不住用了它来做全书的开头。他从福尔摩斯的破案过程，说到科学家寻找自然奥秘的一般方法。

人们都很想知道福尔摩斯为什么能够在错综复杂的疑案中独具慧眼出奇制胜，他究竟掌握了一些什么知识。柯南·道尔在《血字的研究》一文中给我们列出了一张有意思的简表：

夏洛克·福尔摩斯的学识范围：

1. 文学知识——无。

2. 哲学知识——无。

3. 天文学知识——无。

4. 政治学知识——浅薄。

5. 植物学知识——不全面，但对于莨菪和鸦片知之甚详。对毒剂有一般的了解，而对于实用园艺一无所知。

6. 地质学知识——偏于实用，但也有限。但他一眼就能分辨出不同的土质。他在散步回来后，曾把溅在他裤子上的泥点给我看，并且能根据泥点的颜色和坚实程度说明是在伦敦什么地方溅上的。

7. 化学知识——精深。

8. 解剖学知识——准确，但不系统。

9. 惊险文学——很广博，他似乎对一个世纪中发生的一切恐怖事件都深知底细。

10. 提琴拉得很好。

11. 善使棍棒，也精于刀剑拳术。

12. 关于英国法律方面，他具有充分实用的知识。

可见，每个人都应有自己的知识结构系统，以实际需要为准。在建立知识结构时应把握以下原则。

1. 合理。客观事物具有普遍联系，遵循这一原则建立知识结构，能将学到的知识迁移，增进理性记忆和应用，触类旁通、举一反三、思路畅通、有所创见。一个人的知识应由具有相关性和规律性的知识组成。这些系统内容上有必然联系的"思维组合体"，是相对好掌握的，也应予以先期掌握。你得对一些已有的知识系统有针对性地加强学习，并在完善知识结构上花一些精力。

2. 随时调整。不同的人在知识结构上也存在差异，而一个人在不同的发展阶段又有不同的知识结构。人们应该针对自己的兴趣和目标自动地、随时地调节知识结构，这是知识结构的动态性特征要求的。

3. 动态。在充实自己的时候，各类知识都应有所发展，不应有所偏废。据统计，人类知识的总量，每隔 5 ~ 7 年便要翻一番，即知识的总体结构始终处于动态的发展之中。与此相对应，个人的知识结构也是处于动态发展中的。

4. 简约。如果知识结构不简约，必定使大脑负担过重，从而妨碍独立思考，不利于创造。大多数科学家相信自然界的基本原理是屈指可数的，有效的知识结构应是极简约的，而不是庞杂的。华罗庚说："书要越读越薄。"把书真正读懂了，形成了知识结构，那便简约了。但是简约不代表贫乏，而是"精粹中的简约，简约中的精粹"。

5. 实践。实践不仅是获取知识的一条途径，同时也是一条原则。知识只有与实践相结合，才能发挥出它的效力。

在实际行动中，应做到以下几点。

1. 学会取舍。有句名言说："什么都想知道，结果什么也不知道。"对于自己所接触的知识，要善于鉴别其真正的价值，以便决定取舍。在信息爆炸、知识更新速度不断提高的今天，这一问题显得尤为重要。搜集的资料要经得住时间的考验，要力求在相当长的时间内对自己的工作有所裨益，而不致在短时期内失去其作为资料存在的意义。

2. 去粗取精。任何名著、佳作都不可能字字闪金光、句句皆良言。一般会既有其独到的见解，也可能有失之偏颇之处，有些甚至是良莠混杂。积累知识必须善于分析，去粗取精，去伪存真，为我所用，要善于沙里淘金，撷取闪光的思想、观点和方法。

3. 及时摘录。一位著名学者曾告诫青年，一发现有价值的资料就要如获至宝，马上摘录下来。读书看报，随时都可能碰到有用的资料。这时，就要立即做成卡片。有些零星的、散见在报纸杂志上的资料，如果不及时收集，往往如过眼烟云，稍纵即逝。重新查找不仅费时间，而且有的资料往往一时很难再找到。

利用卡片、笔记等方式积累知识，是为了帮助记忆。

4. 广泛占有。马克思为了研究政治经济学，阅读了1500多种书籍，甚至连关于农业化学、实用工艺学之类的书都不放过。对资料的统筹兼顾，实际上也是在培养自己的综合能力和预见性。

研究某一具体问题，必须尽可能地占有涉及这一问题的所有资料。只有在大量资料的基础上进行归纳分类、分析、综合，才能有所发现，有所创见。

5. 注意求新。积累知识要尽可能反映最新动态，增加最新的信息。在一定时期内，针对某一问题的研究，不仅要搜集前人对这一问题的看法和观点，了解他们探索的足迹，同时更要注意收集同时代人的研究成果，特别是目前的研究进展情况。这就要求我们不仅要在大部头著作上搜寻，更要注意经常阅读各种期刊、评论及文摘。

每天阅读30分钟

借助书籍，可以从中找出适合自己的成功之路来，因为它是知识的重要载体。

俄国著名的学者赫尔岑说过："书是和人类一起成长起来的，一切震撼智慧的学说、一切打动心灵的热情都在书里结晶形成；书本中记述了人类生活宏大规模的自白，记述了叫作世界史的宏伟自传。"

书籍蕴含着千百年来人类的智慧与理性，正因为其中的人性之处，才使得一些书所以伟大，所以灿然有光。书籍是一种工具，它能在黑暗的日子鼓励你，使你大胆地走入一个别开生面的境界，使你适应这种境界的需要。

金圣叹说过"天下才子必读书"。读书，是你事业的必由之路，是你走向成功的钥匙。

我们可以发现，有很大一部分成功人士并不一定能受到良好的教育，因为许多人常身处困境。他们之所以能成功，除了有远大的志向、坚强的性格和家庭的影响外，往往在于他们不满足于一时的成功，不安逸于一时的所得，而是时时将心态归零，努力拼搏，不断补充新的知识。

毛泽东说："我一生最大的爱好是读书。"他的一生是革命战斗的一生，同时也是笃志好学、博览群书的一生。

毛泽东常说："读书治学没有什么捷径和不费力的窍门，就是一要珍惜时间，二要勤奋刻苦。饭可以一日不吃，觉可以一日不睡，书不可以一日不读。"毛泽东从少年起，就勤奋好学，酷爱读书，有浓厚的读书兴趣，而且他的读书欲望，随着年龄的增长越来越强烈。

在硝烟纷飞的战场，在困难万端的长征途中，他也没有停止过读书。即使在患病的时候，他还躺在担架上读书。

在社会主义革命和建设时期，毛泽东身负党和国家的重任，日理万机，工作十分繁忙，但他仍利用饭前饭后、节假日、旅途中的间隙，甚至上厕所的片刻时间读书。

在患白内障之后，他的视力极弱，只能用放大镜一点点看书，或由工作人员读给他听。1975 年，眼睛做手术后，视力有所恢复，他又开始了大量的读书活动，有时竟然一天读上十几个小时，甚至躺在床上量血压时，仍是手不释卷，真是读书成癖。

美国第 26 任总统罗斯福，虽然他在白宫日理万机，但他仍然会挤出时间来阅读那成百上千册的书籍。他规定在某一天的整个下午接见来访的人，每位来访者的时间限制在 5 分钟之内。就在那些接见对象交替的短短的几秒钟内，他都会抓紧时间阅读放在手边的一本书。

罗斯福曾说："我们必须让我们的青年人养成一种阅读好学的习惯，这种习惯是一种宝物，值得双手捧着，看着它，别把它丢掉。"

李嘉诚虽然年岁渐老，但依然精神矍铄，每天要到办公室中工作，从来不曾有半点懈怠。据李嘉诚身边的工作人员称，他对自己业务的每一项细节都非常熟悉，这和他几十年养成的良好的生活工作习惯密切相关。

李嘉诚晚上睡觉前一定要看半小时的书，了解前沿思想理论和科学技术，据他自己称，除了小说，文、史、哲、科技、经济方面的书外，每天他还要学一点东西。这是他几十年保持下来的一个习惯。他回忆说："年轻时我表面谦虚，其实内心很'骄傲'。为什么骄傲？因为当同事们去玩的时候，我在求学问，他们每天保持原状，而我自己的学问日渐增长，可以说是自己一生中最为重要的。现在仅有的一点学问，都是父母去世后，几年相对清闲的时间内每天都坚持学一点东西得来的。因为当时公司的事情比较少，其他同事都爱聚在一起打麻将，而我则是捧着一本《辞海》、一本老师用的课本自修起来。书看完了卖掉再买新书。每天都坚持学一点东西。"

如果你每天阅读 30 分钟，你一周可以读半本书，一个月读两本书，一年读大约 20 本书，一生读 1000 或超过 1000 本书。这是一个简单易行的博览群书的办法。

书海无涯，有的书泛读即可，有的书则需要深读。凡是时尚而肤浅的书籍不可深读，更不可多读。凡是伟大而隽永的作品必须多读、深读、精读，还要养成做笔记的习惯，以便随时查阅。

也许你会说："每天有那么多功课要复习，哪里有时间阅读呢？"其实，只要你做好学习安排，每天还是有很多可以利用的时间的。给你一个建议：把要阅读的好书随时带在身边，每天找出 30 分钟，最好是每天的固定时间，一旦开始阅读，这 30 分钟里的每一秒都不应该浪费。这样一段时间以后，你会惊奇地发现，不知不觉中，已经阅读了许多好书。

当喧闹和繁杂把你柔软的心房揉搓得倍感疲惫和麻木时，希望你会如上所说那样去好书中寻找心灵的栖息地。

每天阅读 30 分钟好书，会让你走进缤纷的思想丛林，感觉到异香弥漫，感悟到人生真理，让你缺钙的思想变得坚强！

南宋文学家尤袤曾说："饥读之以当肉，寒读之以当裘，孤寂而读之以当友朋，幽愤而读之以当金石琴瑟。"腹有诗书气自华，滋润灵魂的精神食粮，永远不嫌多。

养成良好的学习习惯

人的一生都离不开学习，培养良好的学习习惯也就越来越重要。因为只有善于学习的人才能不断前进。流水不腐，户枢不蠹，这句话也可以用在人的知识增长上。只有不断学习新东西，吸取新知识，才能跟得上时代的步伐，才能最终成就自己。

大家都知道伟大的富兰克林，但是谁都不会想到在他幼年的时候也不喜欢学习。他有时候拿起书来想看，但是只要外面有伙伴叫他去玩或者街道上发生了什么事情，他就会把书一扔，第一个飞快地跑出去。

他家里虽然经济条件不是很好，但是父母还是为孩子买了好多有意思的书籍，并把这些书籍放在很显眼的地方。

有一天，小富兰克林跑了进来，对他母亲说："妈妈，你能告诉我埃及金字塔是怎么一回事吗？我一个伙伴在考我。"

他母亲就给他讲解起来："这个埃及金字塔其实就是埃及法老的坟墓，但是它的样子很是奇特……"

他母亲把关于金字塔的各种知识都仔仔细细地告诉了她的孩子。

小富兰克林听得很入神，心里想："哇，原来世界上还有这么有趣的东西啊。我怎么以前不知道呢？"

他对他母亲说："妈妈，你真是太厉害了，你怎么什么都知道啊？我希望以后变得像你这么聪明，有着这么渊博的知识。"

"孩子，妈妈不是什么都知道，这些也都是从书上看来的。其实书上的知识很是丰富，而且很多是很有意思的，只要你去看，你自己去发掘，就能变成和妈妈一样懂得这么多，甚至比妈妈懂得还要多。"

"是吗，妈妈？"小富兰克林更加不解了。

"当然是了，妈妈没有去过埃及，原来根本就不知道这个事情，是书籍给了我知识，孩子，刚才你说你希望成为像我这样的人，那么你就要从现在开始多多地看书，汲取里面的精华，把它变为自己的东西，这样你就一定会比妈妈厉害。"母亲继续引导她的孩子。

"好的，妈妈，我知道了。以后我一定要好好地看书，把这些知识都学到我的脑子里去。"小富兰克林高兴地回答。

从此，小富兰克林就对书籍产生了兴趣，经常拿来书籍翻阅，津津有味地学习里面的内容。

他母亲看到这些，心里很是安慰，但是小富兰克林还是有点缺乏自制力，有时会被别的事情分散注意力。

所以他母亲经常在他看书的时候对他说："孩子，你现在看书，不要去管别的事情，你看完了再和小伙伴们玩，好吗？"

"好的，妈妈。我喜欢看书。"小富兰克林大声地回应着。

然后他母亲就会把孩子的玩具放到别的屋子里去，同时把房间的窗户关好，尽量不让别的事情来影响孩子的学习。

就这样，慢慢地，小富兰克林就能够很好地控制自己了。他不会再受外界影响，所以才有了后来的辉煌。

尽管你现在讨厌学习，但是只要克制自己，逐渐地，学习的习惯也就慢慢培养起来了。

爱迪生说得好："知识仅次于美德，它可以使人真正地、实实在在地胜过他人。"

没有上述一切的知识的准备，你不会找到什么，也不可能碰到什么。

要想成功，就必须牢记："知识就是力量。"

要想成就大事业，一定要记住：年轻时，究竟懂得多少并不重要，只有懂得学习，才会获得足够的知识。

许多人以为，学习只是青少年时代的事情，只有学校才是学习的场所，自己已经是成年人，并且早已走向社会了，因而再没有必要进行学习。

剑桥大学的一位专家指出："这种看法乍一看，似乎很有道理，其实是不对的。在学校里自然要学习，难道走出校门就不必再学了吗？学校里学的那些东西，就已经够用了吗？其实，学校里学的东西是十分有限的。工作中、生活中需要的相当多的知识和技能，课本上都没有，老师也没有教给我们，这些东西完全要靠我们在实践中边摸索边学习。可以说，如果我们不继续学习，我们就无法取得生活和工作需要的知识，就无法使自己适应急速变化的时代，我们不仅不能搞好本职工作，反而有被时代淘汰的危险。"

有些人走出学校后，往往不再重视学习，似乎头脑里面装下的东西已经够多了，再学就会饱和。殊不知，学校里学到的只是一些基础知识，离实际需要还差得很远。

特别是在科学技术飞速发展的今天，我们只有以更大的热情学习学习再学习，才能使自己丰富和深刻起来，才能不断地提高自己的整体素质，才能更好地投身到工作和事业中。

学习知识也要有所甄选

人们每天接触的知识千千万万，既有有益的，也有有害的；有需要的，也有不需要的；有全新的知识，也有过时的知识。在学习过程中要懂得甄选，选择有益于自己身心发展的知识。

试想，一个经常在阅读沉思中与哲人文豪倾心对话的人，与一个只喜爱读凶杀言情故事和明星花边逸闻的人，他们的精神空间是多么不同，他们显然是生活在两个不同的世界中。

在茫茫知识海洋中，要力求寻觅上乘之作、经典之作，要多读名著，多读"大书"。所谓经典名著、"大书"，都是经过了时间的沉淀和筛选。一些社会学家曾做过统计，其结论是：至少要横穿20年的阅读检验而未曾沉没，这样的著作方有资格称为经典、名著。

美国学者，《大英百科全书》董事会主席莫蒂然·J.阿德勒认为：所谓名著，必须具备6条标准。

1. 读者众多。名著不是一两年的畅销书，而是经久不衰的畅销书。

2. 通俗易懂。名著面向大众，而不是面向专家教授。

3. 永远不会落后于时代。名著绝不会因政治风云的改变而失去其价值。

4. 隽永耐读。名著一页上的内容多于一般书籍的整个思想内容。

5. 最有影响力。名著最有启发教益，含有独特见解，言前人所未言，道古人所未道。

6. 探讨的是人生长期未解决的问题，在某个领域里有突破性意义的进展。

读书各有妙法，许多学有专长的人士，能读出个中滋味，读出门道。作家韩少功读书择优而读，择要而读，将自己有限的时间投于特定的求知方向，尽可能增加读书成效，给人以启示：他将书分为可读之书、可翻之书、可备之书、可扔之书4种。认为"勃发出思维和感觉的原创力，常常刷新着文化的纪录乃至标示出一个时代的高峰"，"作为人类心智的动力和光源"，对于每个人精神不可或缺的书，是可读的。这些书"透出实践的本质，不会用套话和废话来躲躲闪闪，不会对读者进行大言欺世的概念轰炸和术语倾销"，因而是值得读、值得细细品味的。大量的书则是不需细看，只需翻翻而已的，也有些书是备查的工具书、参考资料。而对于那些被他看作文化糟粕、一些丑陋心态和低智商的喋喋不休、信息污染的书，则均属可扔之列。

可读之书也要根据其价值大小分出层次，采用不同的方法来读。至于采用何种方法，则根据自己的需要自主选择。

读书大致分为4个层次。

1.浏览，即以"一目十行"的速度翻阅大量书籍，了解概貌，是读书的初级层次。它能扩大阅读者的知识的横向接触面，可掌握新近的信息。通过浏览，可筛选知识，捕捉自己所需的资料信息，也可通过随便翻翻式的阅读，调节脑力、增益情趣。

2.通读为读书的第二个层次。通读，是对全书的概览，以较少的时间，进行扫描式的阅读，以对全书的框架、主要观点、重点章节有个总体了解。一般来说，读小说采取通读的方式。

3. 精读这是读书的第三个层次。即对自己需要加深了解的章节精研细读。对精读的部分有时要反复阅读，认真思考，并做笔记，力求将它变成自己的血肉。

4. 研读是读书的第四个层次，也是最高层次。在这一阶段，将精读部分与以往获得的知识，或同类书籍进行比较研究，带着质疑的眼光品味书籍，进行评论，提出新的见解。这种阅读更具创造性。能达到这一层次，就算读出味道、取到真经了。

现在，获取知识的途径不只读书一项，网络也包含了各种各样的信息与知识。但是，由于网络的管理比较薄弱，里面的内容鱼龙混杂，有可用的，有不可用的，还有对人身心健康产生不良影响的知识，而这些知识往往又披着科学的外衣，人只要一接触它，它就会像瘟疫一样对你的头脑进行侵蚀。所以，应该加以注意，懂得保护自己。不浏览不健康的网站，不参与不健康的讨论，让网络成为获取有用资源的净土。

经常拜读经典名著，学会阅读

古人云："腹有诗书气自华。"具有渊博知识的青年人会散发出一种儒雅的风度。一个具有渊博知识的青年人，远比那些随波逐流、见识肤浅的同龄人更有魅力。

司马迁很小的时候就饱览群书，20岁时，便开始遍游祖国各地，了解了各地历史和风土人情，积累了丰富的学识。他做太史令后，常跟随皇帝在全国巡游，搜集并阅读了大量的历史资料。宫廷里的藏书都被他读遍，掌握了大量的史料。在"李陵事件"的悲惨遭遇中，他从"西伯拘而演《周易》，仲尼厄而作《春秋》，屈原放逐，乃赋《离骚》，左丘失明，厥有《国语》"等先圣先贤的遭遇中获得了求生的希望，以顽强的毅力，历时10年编写了历史巨著《史记》，流芳千古。试想，司马迁若是没有阅读大量史料，在遭遇大难后，脆弱的意志没有史书中那些先圣先贤的激励，没有丰富的学识让他先前的宏愿得以实现，可能中国的史书中就不会有司马迁这个名字。

渊博的知识是修养的前提。学识的素养，不是短时期可以装模作样的，而是贯穿于生活每个细节中的自然流露。黄山谷曾说："三日不读书，便觉面目可憎。"可知读书求知的重要性。这也正是为何有的人面目平常，但谈起话来，使你觉得可爱，如沐春风；有的人为何满面脂粉，姿态万千，但交谈风韵全无、索然无味的原因。

所以，要多读经典名著，从中汲取丰富的营养。

关于读书择优之理，德国哲学家叔本华早就指出：要坚持宁缺毋滥的原则，拒绝坏书，"应该去读那些伟人的、或已被事实证明是好书的名著"，只有这样，才能真正称得上开卷有益。

如何正确选择书籍呢？

一、谨慎选择阅读，否则会浪费太多的时间

由于目前我们的图书市场正在转型，往往缺乏规范和真正的文化水准，"著书立说"太容易，导致"书海"里鱼龙混杂，更严重的是由于现代工业文明所带来的许多"污染"也一并流入"海里"，使我们的选择非常困难，而书价又那么高，真是有点无所适从。

最好不要把时间浪费在毫无意义的书籍上。那些书籍，大多是一些没有多少思想的懒散作家杜撰出来的，它们是为那些怠惰而又无知的读者所创作的。虽然这种图书没什么大害，却也无益，最好不要让它浪费你的大好青春时光。

二、不应把读书当作你现在最重要的任务

你现在最重要的是学习如何做事和处世，而不是读书，在这个时期，要按照自己的实际情况，选择不得不读的书，否则，你很难把自己的时间安排好，甚至本末倒置，或者顾此失彼。

三、能真正影响你的书也许只有几本

书是读不完的，因此，要读有用的书，读有利于增长自己办事能力的书，读有利于提高品位的书，读能激励自己的书，读能提高生活能力和质量的书。

在读书时，要考虑到对你的将来可能会有用的相关知识，建议去网罗一些与自己的兴趣爱好相关的图书。除了与这些兴趣有关的图书以外，其他一概不看，再依次序阅读一些值得信赖的有关政治、经济等图书资料，并详加研究。

如何进行有效的阅读呢？

第一，标重点。

读书时你最好先看看每一章的内容提要，许多好的教科书都有这种提要。然后，你可以浏览一下内容，特别留心作者和出版者的思路线索。标题的不同大小和不同字体，会告诉你哪一点应该看作要点，哪一点是次要点，哪些是又次的要点。在一张纸上写下整章的提纲，把它裁成书本大小，然后装在这一章的开头，这样做对你来说是很有好处的。做提纲能帮助你对一章的内容有个概括性的了解，并且迫使你去了解作者思路的逻辑性（或者逻辑性的不足）。你做的提纲将来可以用来进行复习。

要想改进做提纲的技巧，你一定得找出一章中每节、每小节甚至每一段落中的关键性句子。写得好的教科书通常都把这种关键性句子放在一个段落开头的地方。如果你能找出说明段落主题的句子，你应该以能够使你在将来方便查找的方式把它们做成笔记。要注意书中的图片和图表。

第二，手拿铅笔开始第一遍通读。

在开始通读以前，你应牢记住一点：这一次深入阅读对于你将来快速地复习这一章内容来说是个黄金般的好机会。因此，你应手执铅笔，随时圈画，不要考虑你的书籍的干净漂亮。一本书的价钱比起优秀的学习成绩来说是微不足道的。当然，图书馆的书和学校的书是不能涂画的。如果你读的书不是你自己的，可以用笔记本把要点内容记录下来，同时这些要点所在的页数也要记下来。

你读书的时候，通常的目的是找寻你所需要的知识和材料，因此每一段的重要句子下面都要画上横线，特别重要的地方除了画线，在旁边还可以加上一个星号；把每个生字或专业性词语圈起来；在自己喜欢或觉得精彩的地方也可作标注。

第三，手拿红笔进行第二遍阅读。

在对你所读的内容有了一个总的认识之后，应该再读一遍，把你现在认为的确重要的内容用红笔标出来。你可以把提示重要人物的星号用红笔圈起来；你可以把画在专业词语外面的圈涂红，使之更加醒目突出；可以用红笔标出最重要的表格、图表和图片。这样做的目的在于突出真正重要的部分，并且使每一页书尽量地与另一页书有所区别。这种区别对于一个在考试时回忆以前学过些什么的学生来说经常是有很大帮助的。

第四，和别人进行讨论。

学习的目的并不是仅仅把课本的各个细节背诵下来，而是汲取学以致用的事实材料和思想观点。要想掌握一本书中最有价值的内容，最好的方法莫过于同别人一起进行复习和讨论了。两个或者两个以上在读同一本书的人互相提问关键性名词的词义，提问一章教科书的主题，或者就书上的结论展开争论，能使大家都有所收益。这样的活动可以迫使你把思想理出头绪，以便清楚、简明地表达你的观点和看法。

学会了阅读就像掌握了一门技能，不仅可以节省你阅读的时间，还可以提高你阅读的质量，使你能够真正汲取书中的精华。

建立合理的知识结构

人类知识的海洋是无边无际的，一个人用一生的时间和精力是不可能学完所有知识的，所以我们在学习知识的时候要注意加以选择，以自己的专业为中心，联系相关学科，将自己所学知识构建起一个合理的知识结构，才能学有所成。人的脑子本来是一间空屋子，应该有目的、有选择地把一些家具组合搭配起来放进去，才能成为一个家，人住进去才舒服，如果把碰到的各种各样的破烂一股脑儿全堆进去，那就成了垃圾场。

许多人认为，一个人知识水平的高低，主要取决于他的知识量的多少，现在看来，这是一种错误的观点。按照人才学的基本原理，一个人的知识水平的高低，主要取决于两条：一是知识的渊博程度，二是知识结构是否合理。两者相比，后者更为重要。道理很简单，人脑好比"仓库"，知识好比"零件"，"零件"再多，倘若这些"零件"之间没什么联系，只是杂乱无章地堆在"仓库"里，那就毫无用处。只有这些"零件"按照合理的结构组装成"机器"时，才能造福于人类。知识并非多多益善，如果一个人学到的和储存的知识大多是散乱无章、毫无关系的，就不可能构筑起合理的知识结构，他的所谓"渊博"的知识对成才也就不可能有什么大的用处。

知识结构因人才类型的不同而呈现出特殊性。据调查，那些成功人士的知识结构主要可以归为以下三大类。

第一种是金字塔形知识结构。这是一种传统的知识结构。在此结构中有如下层次。

第一个层次是一般基础知识，包括数学知识、物理知识、化学知识、语文知识、历史知识、地理知识、外语知识、哲学知识、政治常识、经济常识、法律常识、体育常识等，它是与专业有着千丝万缕联系的科学文化知识。它决定着一个人的基本知识素养。这一个层次的知识越宽广、越扎实，就越能启迪思维、开阔思路、利于个人事业的发展。

第二个层次是专业基础知识，它是与专业直接相关的知识。以物理专业人才为例，它包括力学、热学、电磁学、光学、普通物理实验、复变函数、电子学基础、电子学实验、计算机应用等，它是专业知识的基础和延伸。

这些基础打得越深厚，就越能把自己造就成为专业型人才。

第三个层次是专业知识。这个层次的知识越丰富，就越有可能做出成就，它是从事科学研究的资本。例如，物理专业包括原子物理学、理论力学、热力学与统计物理、电动力学、量子力学、近代物理实验、固体物理学、原子核物理学等本专业学科的概念体系、理论体系、研究工具和基本资料。

第四个层次是主要专业知识。例如，物理学专业中的原子核物理包括原子核物理的历史发展、现实状况、发展前景等。它是专业知识中某一方面的科学知识，是从事科学研究的决定性条件，这个层次越精深，就越能快出成果、多出成果、出大成果。

金字塔形知识结构，易于把宽厚的知识集于一点，从而突破主攻目标，取得卓越成就。它侧重于基础知识的宽厚性、专业知识的精深性和主攻目标的明确性。但这种知识结构不太适应那些需要较大开拓性的工作。

第二种是网络形知识结构。主要由3个部分构成。

第一部分是以自己的专业知识为网络的"中心"。它主要包括基本管理理论和基本管理科学知识。

第二部分是与专业相近、直接作用于专业的应用理论知识。主要包括社会技术系统、社会合作系统、应用系统理论、群体行为、合理选择、人际关系、管理科学、管理经验总结和分析等，这是管理人才的主要专业知识。

第三部分是与专业相距较远、间接影响专业的基础理论知识。这是管理得以实施的外部环境的有关理论。它包括工业工程理论、政治学理论、一般系统理论、社会学、社会心理学、文化人类学、决策理论、经济理论、心理学、数学、管理人员的实际管理经验等。

网络型知识结构侧重于专业理论的核心作用和有关系统知识的相关性，强调发挥专业知识的决定作用和整体知识的协调作用，具备这种知识结构者能在较大范围内吸取所需的营养，发挥潜在的才能。

第三种是帷幕形知识结构。每个人的工作岗位不同、职责范围不同，所应具备的各种知识的比重也应不同。法国管理专家法亚尔认为，对于从工人到总经理这样一些企业人员，所需具备的知识大致可以分为技术、管理、财政、商业、会计、安全6个方面。

不同的知识结构，可以让你在各自从事的领域中游刃有余。但是随着社会的发展和精细化分工时代的到来，相关领域的关联越来越大。要适应未来社会的发展，我们就必须对自己的知识结构适时地加以调整，不断地补充新的知识，完善自己的知识结构。

学习高手用适合自己的方法学习

——方法对，才能事半功倍

学习要选用适合自己的方法

有许多人常常抱怨："我读的书并不比××少，而且我回家还要继续学习到夜里11点才休息，可为什么我的收获没有他大呢？"实际上，如果你和他在其他方面的条件均相同或相近的话，那么只能说你没有找到适合自己的学习方法，以致浪费了很多时间，收益却不大。选择了科学的、适合自己的学习方法，方能立竿见影、事半功倍。

许多成功者创造的方法，或可直接"拿来"，或可结合自己的实际，加以改进和创造。例如，数学家华罗庚将书由厚变薄看作阅读能力提高标志的"厚薄法"；理学家朱熹读书的心到、眼到、口到的"三到法"；儒学家子思"博学之，审问之，慎思之，明辨之，笃行之"的"五步法"；学者陈善的"既能钻得进去，又能跳得出来"的"出入法"；孔子"学而不思则罔，思而不学则殆"的"学思结合法"；孟子"尽信书，则不如无书"的独立思考法；韩愈的"提要钩玄法"；俄国生理学家巴甫洛夫的"循序渐进法"；哲学家狄慈根的"重复法"；等等。

史学家陈垣谈读书时，提倡读几本烂熟于心的"拿手书"，好似建立了几块治学的"根据地"。他自己就有一些经常翻阅的"拿手书",对这些书他都熟读,有的内容还能背下来。

作家秦牧提倡读书将牛嚼和鲸吞结合起来,即每天吞食几万字的文章、书籍,再像牛似的"反刍",反复多次、细嚼慢咽。王汶石创造了对代表作要三遍读的读书法。即第一遍通读,尽享作品之美,让自己沉醉其间;第二遍是"大拆卸",仔细考查每一部分的特色、优劣及写作技巧;第三遍又是通读,获得对写作技巧的完整印象。

著名学者朱光潜实践的边读书边写作法,夏丏尊认为"由精读一篇向四面八方发展"的读书法,李平心的随时"聚宝"勤做研究的方法,都是一种创造。

大凡成功者读书的方式都与众不同,可以学习一些他们积累知识的方法。

第一种:"善诵精通"。

郑板桥不但是"康熙秀才、雍正举人、乾隆进士",还是中国清代著名画派"扬州八怪"的领袖人物。

郑板桥有三绝、三真。三绝分别是画、诗、书,三真分别是真气、真意、真趣。

郑板桥在读书的学以致用之中总结出了"善诵精通"的读书方法,他认为读书必须有方法,必须记诵。他曾这样描述过他读书时的情景:"人咸谓板桥读书善记,不知非善记,乃善诵耳。板桥每读一书必千百遍,舟中、马上、被底,或当食忘匕箸,或对客不听其语，并非自忘其所语，皆记书默诵也。"

郑板桥不仅主张善诵，而且推崇"学贵专一"，即读书不能泛泛而读、毫无目的，而应该有选择、有针对性。

因此，可以从郑板桥的读书方法中得出这一宝贵经验：在记诵时讲究"善"与"精"两个字。

第二种：追本求源。

著名的作家、学者钱锺书先生也是一位爱书之人，他从小就酷爱读书，被世人称为"书痴"。

钱锺书的读书方法是"追本求源读书法"。"追本求源读书法"就是在读书时发现问题后，与多种读物相联系，经过详细的分析、比较、求证之后，求得一个能解决问题的读书方法。

下面的这个例子向我们展示了钱先生是怎样"追求本源"的。

清代袁枚在《随园诗话》里曾批评毛奇龄错评了苏轼的诗句。

苏轼在诗中说："春江水暖鸭先知。"而毛奇龄评道："定该鸭先知，难道鹅不知道吗？"

袁枚对此事觉得既好气又好笑，认为如果要照毛奇龄的看法，那么《诗经》里的"关关雎鸠，在河之洲"也是一个错误了，难道只有雎鸠，没有斑鸠吗？

袁枚与毛奇龄的这场笔墨官司，到底谁是谁非，钱锺书并没有草草了事，他要追本求源。

经钱锺书查找《西河诗话》，得知毛奇龄的意思是：苏轼的诗句模仿唐诗"花间觅路鸟先知"而得来。

原来，人在花间觅路，自然鸟比人先知，而动物均可感觉到冷暖，苏轼为何只说鸭先知，而不说鹅先知呢？那当然是个错误。

但钱锺书仍不罢休。他又找来了苏轼的原诗《惠崇春江晚景》，诗中说道："竹外桃花三两枝，春江水暖鸭先知。"

原来苏轼的这首诗是为一幅画而作的，由于画面上有桃花、春江、竹子、鸭子，所以，苏轼在诗中写道"鸭先知"。看来苏轼并没有错，而是毛奇龄错了。

为进一步弄清事实，钱锺书又找出了张谓的原作《春园家宴》，原诗写道："竹里登楼人不见，花间觅路鸟先知。"人在花园里寻路，不如鸟对路熟悉，这是写实。而苏轼在诗中说鸭先知，是写意，意在赞美春光，这是画面意境的升华，是诗人的独特感受，看来苏轼"鸭先知"之句无论从立意或是内涵来说都要比张谓之句高出一筹。

也许你可以从上面所说的方法中找到一个最适合自己的，但更多的时候你会发现生搬硬套别人的学习方法到自己这里就行不通了。这时，你就要对这些方法做适当调整、修改，使之更适合自己，为自己服务。

尝试用各种方式为头脑"充电"

在瞬息万变的现代社会，各种知识更新极为迅速。如果只满足于已经掌握的那点知识而不能与时俱进地吸收新的信息、新的知识，不能利用各种手段为头脑"充电"，那么终究有一天会被社会淘汰。不想被淘汰，那就行动起来吧。

相信你最先想到的方法就是读书。古人说"读书破万卷，下笔如有神"，可见大量地读书，尤其是读好书对个人会有怎样的益处。

世界上没有天才，非学就无以成才，读书无疑是知识积累的最好方法，书是人类的精神食粮，也是成大事者的必备之物。

"天下才子必读书"这似乎已是一条规律，不知你是否注意过下面这些情况，它们或许会让你对这一规律理解得更深刻。

当我们研究成功人士的事业时，常常发现：他们的成功一直可以追溯到他们拿起书籍的那一天。

在我们接触过的成功人士之中，大多数都酷爱读书——自小学开始，经由中学、大学，以至成年之后。

书虽然是一种没有声音的东西，但是它对人类的影响是非常深远的，如果你经常阅读各行业成功人士的传记或者是自传，并通过静心的思索，你就有可能从中找出适合自己的成功之路来。

书籍是一种工具，它能在黑暗的日子鼓励你，使你大胆地走入一个别开生面的境界，使你适应这种境界的需要。

读书习惯是一种文化素质，是国民素质中的一个重要组成部分。

在日常生活中，常常可以听到一些人说"我爱好读书"。能把读书作为一种爱好，比起不喜欢读书来说是一大进步，但还远远不够。我们不能把读书和看球赛、玩扑克、赏花草一样，当作一种纯粹的消遣去满足，或当作一种雅兴去炫耀，而应使之成为一项生活的内容，一种生命的需要。读书，就像给精神补充养分一样，是保持身心健康的需要，是改变命运的需要，是自我实现的需要。

著名作家蒋子龙先生说："书是可以随身携带的大学。"读书不但可以获取知识，而且可以懂得做人的道理。但是，读什么书，什么时间读书，怎么读书，怎么处理好读书与生活、学业的关系，这些问题要是解决不好，可能会给学习、生活甚至整个人生带来不良影响。所以，大家不但要重视阅读，还要做一个聪明的阅读者。

那么，你是不是一个聪明的阅读者呢？有没有养成读书的习惯呢？

在现实社会中，要养成读书的习惯，说难也难，说易也易。难者大多强调"学习繁忙""没有时间"，正如鲁迅讽刺过的一些人那样，"有病不求药，无聊才读书"，甚至无聊也不读书。这种人要想养成读书习惯确实会很难。其实，如今我们都有较为充足的空闲时间：双休日、节日长假、课外时间……看几页书的时间每日都有，就看你用不用在读书上。只要经常有计划、有意识地拿起书来阅读、学习，这样日复一日地坚持下去，久而久之，读书习惯也就自然而然地养成了。

如果认为获取知识只有书籍一条途径，那么就大错特错了。

其实在现代社会，人们获得知识的渠道十分广阔。比如电视，不管人们对其传媒作品的质量如何评价，它们都是我们文化环境的组成部分。电视已成为人们生活中最主要的信息来源之一。电视可以作为一种娱乐消遣的手段，使人们在轻松愉悦的情绪状态下观察社会、扩展视野、获取知识。

另外，互联网也无疑为学习提供了巨大的资源。互联网是一种利用计算机从全球成千上万台计算机获取信息的工具，是一个能使每个人进入浩瀚的信息海洋尽情畅游的天地。这些信息包括文字、图表、声像资料、软件等。这些信息实际上包容了所有可想象的客观对象，它们是由图书馆、博物馆、政府机构、公司、大学、研究机构和许多其他机构及个人提供的，里面有许多有价值的资料。

除去以上所说的有形的学习资源，其实在我们身边还有一个无形的、却无时无刻不在影响我们的、内容极为丰富的知识库——社会。

有人说，我们的社会、我们的生活是无时不在书写的一本"无字书"，比喻可谓贴切至极。

古人曰："读万卷书，行万里路。"意思是说人要有较多的知识和丰富的阅历，也是要人们能理论联系实际，善于利用知识处理各种事情。丰富的阅历也是成大事者不可缺少的资本，这就要求我们不但要注意书本知识，也要注重生活、社会中的知识积累。

有诗云："纸上得来终觉浅，绝知此事要躬行。"读书学习获取知识诚然重要，但实践获真知也是必不可少的。

通过阅读"有字之书"，你可以学习前人积累的知识、前人的经验，并从中取得借鉴，避免走岔道、走弯路；通过读"无字之书"，你可以了解现实，认识世界，并从"创造历史"的人那里学到书本上没有的知识。

如果你想尽快、尽好地读通读透"有字之书"，并取其精华、去其糟粕，把"死书"读成活书，就要善于读"无字之书"。

"用自己的眼睛去读世间这一部活书"，"倘只看书，便变成书橱，即使自己觉得有趣，而那趣味其实是已在逐渐硬化、逐渐死去了"。

重视"读世间这一部活书"——读"无字之书"，也是大文豪鲁迅的主张。

鲁迅少年时代有很长一段时间在农村度过，而且也乐于与农村少年为友，喜欢到农村看社戏，所以他从农村少年、农村社戏中了解了很多农村生活，也因此增长了不少见识，他后来创作的《故乡》《社戏》等短篇小说的生活素材都是在那时积累的。

鲁迅一生针对当时的社会弊病，写了许多杂文。如果鲁迅不注意读社会现实这部"无字之书"，只知闭门做学问，他又怎么会从中看出"世人的真面目"，怎么会成为"一个伟大的画家"，"用他手中那支强而有力、泼辣而又幽默的笔，画出黑暗势力的丑陋面目呢"？

"无字之书"内容丰富、含义深刻，需要我们用较长时间甚至一生来阅读。

读"无字之书",最好在缤纷的"社会大学"中读,唯有如此,才能读得通透。

凡是读过高尔基的《我的大学》的人都会知道,这位大文豪只上过5年学,但他把投身于"社会"认为是在上"大学"。

这个苦难的学徒工在"社会大学"里做过厨工,卖过苦力,饱尝了沙俄黑暗统治的辛酸。不过,他在流浪漂泊之中读了很多"无字"的"活书",学到了很多知识。

高尔基在社会的底层对自己的人生有了深刻的认识,对自己的祖国有了深刻的认识,这也增强了他对俄罗斯社会的浓厚感情。他从伏尔加河码头的搬运工们那儿学到了劳动的习惯,从流放的政治犯那儿学到了精神上的鼓舞,从面包师那儿学到的则是可贵的人生哲学。

从"社会大学"中读"无字之书"所获得的一切,为他日后创作"有字之书"提供了无限的源泉。

这在高尔基的自传三部曲——《童年》《在人间》《我的大学》中已充分得到了体现。

获取知识的途径多种多样,也许你还有其他方法,那么就请你继续坚持,同时,你还可以将你的好方法讲出来与朋友分享,让大家共同进步。

多去书店和图书馆

无论你身在校园还是正投身社会，多去书店、图书馆，为自己充电，将让你受益一生。

钱锺书先生就是一个绝佳的例子。

考入清华后，他的第一个志愿是"横扫清华图书馆"。他终日泡在图书馆内，博览中西新旧书籍。

他的同学许振德在《水木清华四十年》中回忆钱锺书"图书馆借书之多，课外用功之勤，恐亦乏其匹"。据说，现清华图书馆藏书中画黑线、加评语的部分，多半出于他的手笔。钱锺书 28 岁被破格聘为外文系教授，这在清华园也是绝无仅有的。

1935 年夏，钱锺书到英国牛津大学学习。这里拥有世界著名的专家、学者，尤其是该校拥有世界第一流的图书馆——牛津博德利图书馆。它不仅有规模庞大的中心图书馆，而且在其周围建有几十个专题图书馆。钱锺书在知识的海洋中畅游，尽情阅读文学、哲学、史学、心理学等各方面的书籍，他还阅读了大量的西方现代小说。由于钱锺书的知识面极宽，"牛津大学东方哲学、宗教、艺术丛书"组委会曾聘他为特约编辑。

1979 年，钱锺书的辉煌巨著《管锥编》出版，极大地震动了学术界。《围城》《谈艺录》《七缀集》，更使钱锺书大放光彩。法国著名作家西蒙·莱斯曾说："如果把诺贝尔文学奖授予中国作家的话，只有钱锺书才能当之无愧。"还有一位外国记者说："来到中国，我只有两个愿望：一是看看万里长城；二是见见钱锺书。"

可见，用好可利用的资源，对一个人的事业将产生多大的影响！

据有关资料显示：人类的知识量是以几何级数增长的。如1750年知识量为2倍，1900年增加到4倍，1950年增加到8倍，1960年增加到16倍。这也就是说由2倍增加到4倍用了150年，由4倍增加到8倍用了50年，由8倍增加到16倍只用了10年。从书刊数量的增长来看，速度同样惊人。

有人估计：目前世界上有3000万种名称不同的书，每年增加约20万种图书。

知识爆炸的结果便是每个人要学习的东西急剧增多，知识量的急剧增长要求这个时代必定是一个学习的时代，必定形成一个"学习化"的社会。据估计，在目前的发达国家，一个人进入社会之后，平均要换4～5种工作，这说明，个人都必须进行一次或几次的知识更新和补充，以便更好地胜任社会新角色。仅仅依靠学校所学得的知识已不能在社会上立足。

有人作出这样的结论：按一个人工作45年计算，他的知识大约只有20%是在学校获得的，而其余的80%是一生的其他时间获得的。因而，学习化社会中的人们必须重新学习、终身学习。"活到老，学到老"不再是少数人的美德，而是社会对每个成员的普遍要求。

在书店或图书馆时，应注意以下几点。

1. 带着目的去找书，提高效率。

2. 遇到精彩部分，可简略地摘抄下来。

3. 在书店中，可参考上榜、推荐图书。

4. 在书店、图书馆看书或查找资料，要保持室内安静，不要大声说话，或在座位上交谈，以免影响他人，打断思考者的思路。

5. 要遵守阅览规则，不要利用图书馆安静、舒适的条件在那里谈情说爱。

6. 学校和公共图书馆的综合阅览室里读者较多，早来的人不应该给晚来或有可能不来的人占座位。即使阅览室内人很少，也不能利用空座位躺卧休息。

7. 图书是历史的档案，知识的载体，毁坏图书的不道德行为一向受到人们的强烈谴责。一旦发生这种事情，轻则被批评教育，重则需加倍赔偿。如果是珍贵书刊字画，还要依法从严处理。

有效的学习方法为提升自我锦上添花

做什么事情都有方法，而有效的、适合自己的学习方法能使学习效果事半功倍。学习的方法有多种，我们可以归结为以下几个方面。

一、兴趣法

"好知之不如乐知之"，就是说我们越喜欢某一事物就越喜欢接近和接纳它。

兴趣是人们行动的一种动力。只要对某些知识产生了兴趣，就会主动去理解、记忆、消化这些知识，并会在这些知识的基础上总结、归纳、推广、运用，从而做到精益求精、推陈出新，推动整个社会向前发展。

因此，我们在学习某一知识之前，首先要建立对它的兴趣，以达到掌握它的目的。

二、理解法

人都有对事物进行判断的能力，对某一事物或某一知识有认识，就会很容易地把它变成自己的知识，否则就需要花费很多的额外工夫。

比如说"井底之蛙"这一成语，我们可以想象一只健康的青蛙坐在一口深井里，眼睛直瞪瞪地望着井口发呆，而井口外面，则是白云、蓝天，井底则有青草、水、昆虫。虽然这只青蛙本身健康，不愁吃喝，然而它对自己井口上的这一点点天空习以为常。这样一理解，"井底之蛙"的含义就非常清晰了。

三、联系法

自然界中的一切事物都不是孤立的，而是普遍联系的，正如自然界的食物链一样——兔吃草，而兔又被鹰或狼吃，狼又被虎吃，而鹰和虎死后，其尸体腐败变质，供草吸收其营养成分。在这几种动植物之间，就形成了一个食物链，它们构成了互相联系的一个整体。如果草绝，则兔就会亡，反之，如果兔多，则草就会被大量食用，当草被食用过多时，兔就免不了因缺少食物而亡。

知识，正是人类在长期改造自然的过程中发现的，因此，各种知识间也是相互联系的。当我们对某一事物缺乏了解和认识时，我们就可以从与其有联系的事物中来认识它。

四、联想法

人类区别于其他动物的根本，就在于人有思维。有了思维，人在客观的自然和社会面前就不是无动于衷、无可奈何的，而是能够积极地促成条件，来解决问题。联想正是人类思维充分发展的一种象征。

在我们的学习中，联想能使我们更好地掌握知识。历史课本中的数字枯燥无味，但是，有些事件是和这些数字紧密联系的。因此记数字就可以与这些历史事件联系起来记，这样既避免了数字之间的相互干扰，同时也增加了学习的趣味性，起到了双重效果。

五、对比法

在学习中，当两个概念或事物的含义相似的时候，我们往往容易搞混淆，而在这个时候，运用对比法就能够搞清楚两者之间的明显区别。

也就是说，比较两者之间不同的地方，而这些不同的地方，正是某一事物的独特特征。理解了这些独特特征，也就抓住了这一事物的本质，从而也就能掌握这一事物的有关知识。

六、复习法

人的大脑对知识的识记是有一定规律的，教育学家们曾用遗忘曲线做了一个形象的说明，指出如果你在知识遗忘之前去复习、巩固它，能帮助你迅速恢复并牢固记忆知识。孔子所说的"温故而知新"，也正是这个道理。

比起成功，每天不断提升自我其实更重要。根据自身的实际情况，选择最适合自己的学习方法，能更快地增强自身能力，让自己稳定地成长。

向优秀者学习，让自己更加优秀

微软公司的学习理念是：70%的学习在工作中获得，20%的学习从经理、同事那里获得，10%的学习从专业培训中获得。也就是说，要想提高自己的能力，必须学会随时随地向他人学习。

要善于向身边的人学习，尤其是比自己优秀的人，借鉴他们做事的好方法，吸取他们成功和失败的经验和教训，从而完善自己，使自己变得更加优秀。

1500年，意大利佛罗伦萨采掘到一块质地精美的大理石，它的自然外观很适于雕刻一个人像。但大理石在那里放了很久，没有人敢动手。一位雕刻师来了，但他只在后面打了一凿，就感到自己无力驾驭这块宝贵的材料而住手了。

后来雕刻家米开朗琪罗用这块大理石雕出了杰作"大卫像"。没想到先前那位雕刻家的一凿打重了，伤及人像肌体，竟在大卫的背上留下了一点伤痕。

有人问米开朗琪罗："那位雕刻家是否太冒失？"

"不，"米开朗琪罗说，"那位先生相当慎重，如果他冒失轻率，这块材料早已不存在了，我的大卫像也就无从产生。这点伤痕对我未尝没有好处，因为它无时无刻不在提醒我，每下一刀一凿都不能有丝毫的疏忽。在我雕刻大卫的过程中，那位老师自始至终都在我的身边帮我提高警惕。"

子曰："三人行必有我师。"每个人都有自己的特长，都值得我们去学习。他们的挫折教训值得我们借鉴与学习，他们的长处同样是我们应该时刻学习的。我们应该像例子里的米开朗琪罗一样，以谦虚的心态向身边每一个人学习。

在广告公司任职的宝琳，进入广告这一行已 15 年，拥有丰富的工作经验。宝琳最初的主管是一个要求相当严格的人，除了教会她提案、抢案的本事之外，还教会她如何与客户维持良好关系的方法。宝琳最大的收获是：工作上找一个好老师是可遇不可求的事。从此，宝琳每换一份新工作，都先观察，再锁定目标，看看有谁在工作上、在为人处世上可供学习。

宝琳的事例告诉我们，向周围的人学习，不仅能帮助你在专业领域内得到提高，还可以激发自我学习的动力。因为周围的人大多数是与你条件或目标类似的人，相似性与可比性使得他们的成绩特别具有说服力，能够达到激励自己的目的。平庸的人看不到自己的不足，同时也不愿承认别人的优秀，他们身上缺少虚心向他人学习的精神。殊不知，我们身边的人都是我们的老师。吸取他们失败的教训，可以使我们少走很多弯路，学习他们的优点与长处将使我们变得更加优秀。

好的阅读与写作能力让你如虎添翼

"工欲善其事，必先利其器。"职场人士都非常注重提升自己有形、无形的能力，来满足事业长足的发展。谈起工作能力，我们往往会列举出来很多，诸如人际交往能力、组织管理能力、计算机运用能力等。常常会把阅读、写作这些基本功忽略不计，似乎这些能力都不值一提了。岂不知，真正优秀的阅读、写作能力并非轻而易举就能具备的。好的阅读、写作能力看似简单、平常，却能够让我们的专业如虎添翼、锦上添花。

刘冰是一个善于学习的人。他就职于一家会展公司的策划部门，他的策划方案主题鲜明、新颖独特，富有时代感，经常会被公司采纳。他的才华和工作能力颇受领导的赏识，工作两年后他就升为部门的项目主管。他之所以升迁如此快的原因，就在于他善于通过阅读、写作的方式学习新东西。每次举办会展的时候，其他的同事完成自己分内的工作就万事大吉了，而他在完成自己的工作后，总是把其他会展公司的宣传单页、会展材料收集好。他把这些材料分门别类地整理好，并且经常对别家公司的创意进行点评，另外，他对国外的会展策划的前沿设计也非常感兴趣。时间长了，他的办公室抽屉里，井井有条地整理出了几大本材料，仅他密密麻麻整理的资料就有很多本。

刘冰的阅读、写作习惯让他在自己的专业上不断汲取先进的技术和方法，不断总结完善自己。他的方式是值得效仿的。要知道，在当今的社会上，离开大学校园，并不意味着学习的结束。只要留心，处处都有值得我们学习的地方。在繁忙的工作中，也要积极思考通过何种方式来学习。阅读、写作就是一种非常好的学习方法。

阅读、写作的内容既可以是关于自己的专业建设，也可以是自己的人生感悟。其实，重要的不是形式本身，而是我们的思维方式。

李菲供职于一家大型的民营企业，主要负责产品的销售工作。部门规定每个员工在每个月都超过一定额度业绩的情况下，才能发放奖金。同事们为了完成业绩，每天都要想方设法来推销产品，吃闭门羹、遭受白眼，甚至被别人赶出来都是常有的事情，因此销售部门的员工大多数是一副眉头紧锁、苦大仇深的模样。而李菲的销售业绩一直名列前茅，虽然也偶有下滑，但是她一直看起来精神饱满、神清气爽。大家纷纷想向她询问秘诀，李菲说自己的秘诀就是每天坚持做两件事：一是每天记日记，记下自己的销售情况，也写下自己的心得；二是睡前读一些人生哲理之类的书。

李菲的成功不能说没有好的阅读与写作能力的功劳。她通过记住自己的销售情况与心得，让自己不再犯以前的销售错误，找到更好的办法来推销。同时通过阅读人生哲理之类的书，让自己的心境平静，坦然面对各种挫折。

阅读、写作都是需要细品慢嚼、精雕细琢的，需要充分调动我们的思考力。当我们全身心投入的时候，很容易就会忘掉不快和烦恼，使我们心境平和、宁静，带给我们精神世界的愉悦和升华，是其他方式难以企及的人生境界。

当然，很多人工作一天下来，往往会觉得筋疲力尽，阅读、写作会成为额外的负担。其实，二者并不是仅仅增加了生活、工作的负担，也会净化我们的心灵、增添我们生活的动力。如果不阅读、不写作，或者是应付地阅读、写作，那么我们对事物的分析、洞察能力，就很难得到提高。浮光掠影、敷衍了事的阅读、写作也只是过眼烟云。

写作、阅读都是一个厚积薄发的过程，需要经过长期积累、不断磨炼才能够有所成就。积累越持久，功底才能越深厚。其实，这本身就是一个磨炼意志、提升自我的过程。想要提高自己这方面的能力，就一定要坚持下去！

习惯三

学习高手结合兴趣和强项进行学习

——兴趣是学习最大的动力和最好的老师

结合兴趣学习技能不会觉得累

兴趣，是一个人充满活力的表现。生活本身应该是赤橙黄绿青蓝紫多色调的。有兴趣爱好的人，生活才有七色阳光，才能感受到生命的珍贵可爱。

技能，是一个人立足社会之本。专业技能的掌握可以使人更轻松地融入生活、适应生活、改善生活。掌握了过硬的专业技能，也就相当于获得了通往优质生活的通行证。

将兴趣与技能结合在一起，结合兴趣学习技能可以保持持久的动力，不会觉得劳累。

人的兴趣千差万别。准确地了解和分析自己，作出正确的评估，然后，根据自己的兴趣，发挥优势，建立独具一格的技能架构，使自己的长处得到有效的发挥，这才是最根本的。因此，最佳技能架构必须是因人而异的，绝不能生搬硬套，削足适履。如果不了解自己的兴趣和特点，避其所长，扬其所短，就有可能事倍功半，白白地消磨掉许多年华岁月。

另外，对自己的学习工作要有一种出奇的迷劲儿。入迷能使人调动起全部的能量，全神贯注地研究和解决所遇到的问题，从而迸发出最大的智慧和才干，发掘出以前曾蕴藏在体内的全部潜能。日本著名教育家木村久一说："天才就是强烈的兴趣和顽强的入迷。"人在从事自己所迷恋的事业时，往往会全力以赴，其需要、情感、动机、注意力、意志和智能等项品质专注于一个目标，容易产生"聚焦"作用，常常再苦再累也心甘情愿，对成果的取得、专业素质的造就起着极大的推动作用。正如蒲松龄所说："性痴，则其志凝；故书痴者文必工，艺痴者技必良。世之落拓而无成者，皆自谓不痴者也。"

有益健康的兴趣，能使人在潜移默化中享受生活的馈赠，接受文明的陶冶，培养良好的性格、毅力、意志等优秀心理品质。

在整个人类文明史上，不少文坛俊杰、科学巨擘、商界行家、政坛精英，他们都有自己独特的、丰富的事业和生活的兴趣爱好。

他们既是执着创造的事业中人，又是富于生活情趣的性情中人。事业是他们的不朽生命，生活则是他们纵横捭阖的广阔天地。他们在享受立业之欢愉的同时，又以自己斑斓多彩、瑰美奇绝的闲情雅趣，装点着生活的艺术，拓展着独特的才华。

许多文人、学者、画师钟情于大自然，他们或拨动山水之韵，或追寻绿的踪迹，或醉赏风花雪月，或独享月色的清幽。他们栉风沐雨，散怀山水，江海踏浪，遨游天下，贪婪地阅读着浩浩宇宙之书。大自然的神韵带给他们创造的灵感，助他们在事业的海洋中自由游弋。不少名家在休闲时刻都有自己多姿多彩的爱好，他们或情系花香，或醉恋草木，或宠爱生灵，或迷于音乐，或欣赏艺术，或闲读诗书，或博藏珍玩，或修身养性……在五彩缤纷的生活中，享受人生之趣，使自己的事业、身心都得到和谐、均衡、健康的发展。

有了兴趣，一个人就会全身心地投入所学的专业技能或正在从事的工作中。我们都知道阿基米德对数学和物理学的兴趣已经达到了痴迷的程度，因此他的研究取得了辉煌的成就。

国王让人做了一顶纯金的王冠，但是他又怀疑工匠在自己的王冠中掺了银子。他想治工匠的罪，可是又拿不出证据，因为这顶王冠与当初交给工匠的纯金一样重，谁也不知道工匠到底有没有捣鬼。

这个问题到底应该怎么解决呢？国王考虑了很久，也没有找到解决的办法，只好把这个棘手的难题交给了阿基米德，还要求他不能破坏王冠。怎么办呢？阿基米德辗转难眠，冥思苦想。他想了很多方法，但都失败了。

有一天，他去澡堂洗澡，就在他坐进澡盆的时候，一件很普通的事情发生了。因为水盆里的水很满，所以阿基米德坐进水盆的时候，里面的水就开始往外溢，同时他还感到身体被轻轻托起。突然，阿基米德恍然大悟，跳出澡盆，连衣服也忘了穿，就向王宫直奔而去，一路大声喊着"尤里卡，尤里卡！"（这是希腊语，就是"我知道了"的意思）。原来，就在坐进澡盆的一瞬间，他想到，如果王冠放入水中后，排出的水量大于同等重量的金子排出的水量，那这顶王冠肯定是被工匠掺了银子的。最后的试验结果验证了阿基米德的设想。

那个工匠最终有没有被国王治罪已经并不重要了，重要的是我们从这个故事中看到了阿基米德的投入。正是这种投入，使他成为一名伟大的学者。而这份投入，完全源于他对科学的浓厚兴趣。

有了兴趣，做什么事情都会感到身心愉悦、轻松愉快，学习工作都会有持久的动力。

在学习专业技能的过程中往往会感觉到枯燥、疲惫，那是因为你对所学知识和技能没有足够的兴趣。如果能够发现所学知识的诱人闪光点，激发出你的兴趣，还怎么会感觉到累呢？

找不到喜欢的就做顺手的

一位北大心理学教授在给自己的学生授课时曾讲到过人生规划这一问题，他对自己的学生说，如果你找不到喜欢的事情来做，就先做一些顺手的事情。在这些事情中你可以慢慢地培养出自信心，明确未来的发展方向。他为自己的学生讲了下面这个故事。

一个补鞋匠的儿子，初中毕业就辍学了，原因是家里无法为他支付那笔庞大的学费。在物质越来越丰富的今天，鞋子甚至还没穿坏就被扔掉了，没多少人愿意修鞋了。补鞋匠的生意很清淡，只能维持最基本的生活。孩子的母亲不愿意过这种生活，早早地便离他们而去。他和父亲对母亲的离弃并没有怨恨，他们知道这就是生活。

父亲将他留在了身边，想先教他修鞋，顺便帮客人擦擦皮鞋，等大一点了再送他去学其他的技能。父亲不愿意让儿子继承这个没前途的职业。

一天，父亲扛着工具箱走在街上招揽生意，不幸遭遇车祸，离开了人世，当时他正在家里洗衣服。这突如其来的打击在他年少的心里留下了一个阴影。拿到极少的赔偿金时，他的心都在颤抖，以后的生活该怎么办啊！

沉默了一周后的他，走出了家门，他总要养活自己吧，除了靠自己，别无他法。在这个孤独而熟悉的城市逛了几圈后，他发现自己身子弱，也没有什么工作能力，擦皮鞋是最好的选择了，况且以前在父亲的指导下，这项技术还是他最拿手的。

说做就做，第二天，他就早早地来到了城市最繁华的商业区，在不起眼的角落找了个位置，准备开始一天的工作。那时，擦皮鞋的师傅并不多，因此，有不少路人都请他擦鞋。没想到，他一整天下来根本没时间休息，手也感到酸痛，他从来没这么兴奋过，因为他一天赚的钱相当于父亲五天赚的钱了。他觉得生活的新目标越来越近，虽然他不知道那个目标具体是什么，他只知道，明天要更努力地擦鞋。

这种付出让他真正体会到了什么是最快乐的事情，一年下来，他的生活好过多了，收入也不错，甚至还存了一些钱。他终于下了一个大胆且冒险的决定：租一个店面来擦鞋。找了好几天，他终于找到了一个只有几平方米的小店面，对擦鞋来说，刚好合适。就这样，他的皮鞋保养店就开张了，生意自然是好得让他都不敢相信。后来他又在店里提供免费的报纸，还代售一种除臭吸汗的鞋垫，更增加了自己的竞争力。

两年以后，他扩大了自己的经营范围，在城市繁华的地段又开了两家店，那年他刚刚满 20 岁。

很多人就像例子中的少年一样，不知道自己的目标具体是什么。

一个人如果一时间找不到满意的工作，不妨从自己最拿手的事情做起。做一件得心应手的事会让人感到更加自信，也更容易成功。能让人快乐的工作，就是好的工作。在快乐中学习，又何尝不是学习的至高境界呢？成功的最佳目标不是最有价值的那个，而是最有可能实现的那个。

正如富兰克林所说的，宝物放错了地方就是废物。不能因为一时找不到自己喜欢做的事，而把自己随便塞入一个行业。这时候，不妨从自己做顺手的事做起，也是不错的选择。

投入百分百的热情

热情是一种精神特质，代表一种积极的精神力量，这种力量不是凝固不变的，而是不稳定的。不同的人，热情程度与表达方式不一样；同一个人，在不同情况下，热情程度与表达方式也不一样。但总的来说，热情是人人具有的，善加利用，可以使之转化为巨大的能量。

你内心充满了热情，你就会兴奋、精神振奋，也会鼓舞别人工作，这就是热情的感染力量。

在学习、工作中，要想与别人竞争，必须保持一股持久的热情，你的心中要安有一座热情加油站。所谓热情加油站，就是在心理中枢系统经常不断地激发兴奋神经，把心理因素转化成热情。当然，不是让你榨干热情，而是疏通情感渠道去补充热情，从而起到加油站的作用。就像没有汽车加油站，汽车就不能跑长途一样，热情不加油，正常的学习和工作也不能维持长久。只有当热情发自内心，又表现成为一种强大的精神力量时，才能征服自身与环境，创造出日新月异的成绩，使你在激烈的竞争中立于不败之地。

你如果已经工作了，就会知道，当你最初接触一项工作的时候，由于陌生而产生新奇，于是你千方百计地了解、熟悉工作，干好工作，这是你主动探索事物秘密的心理在工作中的反应。而你一旦熟悉了工作性质和程序，日常习惯代替了新奇感，就会产生懈怠的心理和情绪，容易故步自封而不求进取。你这种主观的心理变化表现出来，也就是情绪的变化。

同样一份工作，同样由你来干，有热情和没有热情，效果是截然不同的。前者使你变得有活力，工作干得有声有色，创造出许多辉煌的业绩；而后者，使你变得懒散，对工作冷漠处之，当然就不会有什么发明创造，潜在能力也无法发挥；你不关心别人，别人也不会关心你；你自己垂头丧气，别人自然对你丧失信心；你成为这个工作群体里可有可无的人，你也就等于取消了自己继续从事这份职业的资格。可见，培养热情，是在竞争中取胜的至关重要的事情。

现在，告诉你如何建立热情加油站，使你满怀热情地学习和工作。

首先，你要告诉自己，你正在做的事情正是你最喜欢的，然后高高兴兴地去做，使自己感到对现在的状态已很满足。其次，是要表现热情，告诉别人你的工作状况，让他们知道你为什么对这项工作感兴趣。

事实上，每个人都有理由充满热情，不论是学生、作家、教师、工程师、工人、服务员，只要自己认为理想的职业就应该是热爱的，热爱也就自然珍惜。再熟悉的课程，再简单的工作，你都不可掉以轻心，都不可没有热情。如果一时没有焕发出热情，那么就强迫自己采取一些行动，久而久之，你就会逐渐变得热情。

学习、工作需要热情，专业技能的掌握同样需要热情。缺少了热情，就像鲜花失去了雨露，会日渐枯萎；像鸟儿失去了天空，会日渐憔悴。有了热情，也就有了动力。有了打开成功大门的钥匙。不要吝惜你的热情，将你的热情挥洒在学习与工作中，挥洒在你喜欢的专业科目中，相信终有一天你会做出一番成就。

成功来自对自己强项的极致发挥

一个人没有独特的强项，想要在人生的平台上立住脚，恐怕是天方夜谭。换句话说，你要想让自己成为一个别人无法替代的人物，你应当独有所长，即想尽办法，培养自己的强项。

你的强项就是你的与众不同之处。这种强项可以是一种手艺、一种技能、一门学问、一种特殊的能力，或者只是直觉。你可以是厨师、木匠、裁缝、鞋匠、修理工等，也可以是机械工程师、软件工程师、服装设计师、律师、广告设计人员、建筑师、作家、商务谈判高手、"企业家"或"领导者"等，但如果你想成功的话，你不能什么都是。成功者的普遍特征之一就是，由于具有出色的强项，从而在一定范围内成为不可缺少的人物。

有了强项，把它发挥到极致，就是成功。

这方面的例子实在是太多了：达尔文学数学、医学呆头呆脑，一摸到动植物却灵光焕发，他将这个强项发挥到了极致，终成生物界的泰斗。阿西莫夫是一个科普作家的同时也是一个自然科学家。一天上午，他坐在打字机前打字的时候，突然意识到："我不能成为一个第一流的科学家，却能够成为一个第一流的科普作家。"于是，他几乎把全部精力都放在科普创作上，终于成了当代世界最著名的科普作家。伦琴原来学的是工程科学，他在老师孔特的影响下，做了一些物理实验，逐渐体会到，这就是最适合自己干的行业，经过努力后来果然成了一个有成就的物理学家。

汤姆逊出于"那双笨拙的手"，在处理实验工具方面感到很烦恼，因此他的早年研究工作偏重于理论物理，较少涉及实验物理，并且他找了一位在做实验及处理实验故障方面有惊人能力的年轻助手，这样他就避免了自己的缺陷，努力发挥自己的特长，奠定了自己在物理界的研究地位。珍妮·古多尔清楚地知道，她并没有过人的才智，但在研究野生动物方面，她有超人的毅力、浓厚的兴趣，而这正是干这一行所需要的。所以她没有去攻数学、物理学，而是进入非洲森林里考察黑猩猩，终于成了一个有成就的科学家。

每一个人都有自己的梦想，每一个人都能够成功，只要你有拿得出手的专长，并且将这个专长发挥到极致。

扬长避短，找到自己的"音符"

　　许多时候，我们艳羡他人的成功，常认为自己"比别人笨""我哪是成才的料""像他一样出名太难了"。其实，尺有所短，寸有所长，人的兴趣、才能、素质也是不同的。如果你不了解这一点，没能把自己的所长利用起来，你所从事的行业需要的素质和才能正是你所缺乏的，那么，你将会自我埋没。反之，如果你有自知之明，善于设计自己，从事你最擅长的工作，你就会获得成功。

　　一位专家指出，通向成功的道路有许多条，在不同领域、不同行业，人们取得成功所需要的才能和智慧是不一样的。几乎每个人都有自己擅长的一种或几种才能。

　　有的人很有逻辑、数学天分，他们喜欢并擅长计数、运算，思维很有条理，经常向家长或老师提问题，追问为什么，并愿意通过阅读或动手实验寻找答案。如果他们的好奇心能得以满足，那么他们很可能在理科学习和研究上取得好成绩。

　　有的人很有语言天分，他们说话早，对语音、文字的意思很有兴趣，喜欢听故事、讲故事，喜欢绕口令和猜谜等语言游戏，喜欢读书和听别人读书，他们很可能成为成功的作家。

　　有的人擅长人际交往，他们能够比较容易理解他人的感受，能够和各类人相处，在各种情况下都能恰当地表达自己，经常充当团体的领袖人物，他们比较容易在政治、教育、管理或社会活动等领域取得成功。

有的人表现出空间天分，他们的视觉似乎特别发达，喜欢把事物视觉化，即把文字或语音信息转变为图画或三维形象，他们可能在绘画、摄影、建筑或服装设计、造型艺术等方面表现出兴趣和特长。

有的人表现出音乐天分，他们的听觉特别发达，很小就表现出对音准和声音变化的高度敏感，并能迅速而准确地模仿声调、节奏和旋律。

有的人表现出身体运动天分，他们能很好地协调肌肉运动，体态和举止优美而恰当，他们通常在体育运动、机械、戏剧和其他操作工作中有杰出表现，很容易成为优秀的演员、舞蹈家、运动员、机械师和外科医生。

成功学家通过研究发现，人类有400多种优势。这些优势本身的数量并不重要，最重要的是你应该知道自己的优势是什么、短项是什么，之后要做的则是敢于放弃短项，将你的生活、工作和事业发展都转向你的优势，这样你就会容易成功。

尽管其路径各异，但成功者都有一个共同点，就是"扬长避短"。传统上我们强调弥补缺点，纠正不足，并以此来定义"进步"。而事实上，当人们把精力和时间用于弥补短项时，就无暇顾及增强长项、发挥优势了；更何况任何人的欠缺都比才干多得多，而且大部分的欠缺是无法弥补的。

所以，每一个人都应该努力根据自己的特长来设计自己、量力而行。根据自己的环境、条件、才能、素质、兴趣等，确定前进方向。做一个杰出者不仅要善于观察世界，善于观察事物，更要善于观察自己，了解自己。

建立自己的个人品牌

西班牙著名的智者巴尔塔沙·葛拉西安在其《智慧书》中告诫人们说，在工作中要不断完善自己，让自己成为一个团体的"限量商品"，使自己变得不可替代。让公司离了你就无法正常运转，这样你的地位就会大大提高。

事实确实如此，如果能让老板珍惜自己如"限量商品"，让自己在所供职的公司中变得不可替代，那还愁得不到老板的青睐吗？比如，在公司里你能勤动脑，以战略的眼光去思考企业的发展，不断寻求企业新的增长点，不断开发新产品，开拓新市场，把握住企业的目标，努力让企业"做对的事"，那你一定会成为公司里的顶梁柱。

一位成功学家曾聘用一名年轻女孩当助手，替他拆阅、分类信件，支付女孩薪水与相关工作的人相同。

但是女孩并没有就此局限在她现有的职责里。她总是在晚饭后回到办公室继续工作，不计报酬地干一些并非自己分内的事，譬如，代替老板给读者回信。

她认真研究了成功学家的语言风格，以至这些回信和老板一样好，有时甚至会更好。她一直坚持这样做，并不在乎老板是否注意到自己的努力。终于有一天，成功学家的秘书因故辞职，在挑选合格人选时，老板自然而然地想到了这个女孩。

在没有得到这个职位之前，女孩就已经身在其位了，这正是她获得这个职位的最重要的原因。当下班的铃声响起之后，她依然坐在自己的岗位上，在没有任何报酬承诺的情况下，依然刻苦训练，最终使自己有资格接受这个职位。

故事并没有结束，这位年轻女孩的能力如此优秀，引起了更多人的关注，其他公司纷纷提供更好的职位邀请她加盟。为了挽留她，成功学家多次提高她的薪水，与最初当一名普通速记员时相比已经高出了4倍。对此，做老板的也无可奈何，因为她不断提高自我价值，使自己变得不可替代了，老板不得不像珍惜"限量商品"似的珍惜她。

在一个普通的职位里也能干出很好的成绩，正是因为例子里的女孩不断提高自己的能力，使自己成为"限量商品"，才使得她的价值得到了最大限度的实现。

那么，具体如何做才能成为老板眼中的"限量商品"呢？

第一，不断提升自己的专业能力。

专业能力代表了足够的知识、技能，可以应对工作的需要。拥有专业能力的专家，就是知识丰富加上执行力强，是可以帮企业解决问题的人。"拥有专业能力"是一种绝佳的个人品牌，是一种内涵的呈现。

第二，及时完成工作任务。

在"时间就是金钱"的现代社会里，一个具有时间观念的人是很受欢迎的，尤其是在进行工作时，更要注意按时完成任务。一项工作从开始到完成，必定有预定的时间，而你必须在这个时间内将它完成，绝不可借故拖延。

第三，维持学习力及学习心。

学习力及学习心是不老的象征，也是延续"个人品牌"的手段。一个不断学习的人内在是丰富的，也会更容易拥有自信心及保持谦虚的态度。学习会让你时时刻刻感觉在进步。学习会让你找到自身的不足，从而改正陋习。

第四，强化沟通能力。

沟通能力包括"倾听能力"及"表达能力"。"个人品牌"必须透过沟通能力传达出去。你必须有能力在大众面前清楚地表达，透过文字传达思想，也要学习站在他人的角度看事情，尝试以对方听得懂的语言沟通，为了达到这个目的，倾听是必要的！

第五，早到。

别以为没人注意到你的出勤情况，上司可全都是睁大眼睛在瞧着呢！如果能提早一点到公司，就显得你很重视这份工作。

第六，不要过于固执。

工作时时在扩展，不要老是以"这不是我分内的工作"为由来逃避责任。当额外的工作指派到你头上时，不妨视之为考验。

第七，保持冷静。

面对任何状况都能处之泰然的人，一开始就取得了优势。老板、客户不仅钦佩那些面对危机声色不变的人，更欣赏能妥善解决问题的人。

在自己的工作岗位上要不断地给自己充电，不断提高自身的竞争力，提高自己的身价，成为老板眼中的"限量商品"，这样老板离不开你，公司也离不开你。

成为本行业的专家

"无论从事什么职业，都应该精通它！"这句话标示了让工作成为专业的重要意义。作为一名从业者，如果你想让自己有更好的发展，就要努力提升自己的专业技能，使自己成为本行业的专家，如此才能创造非凡业绩。

张毅翔毕业于苏州技师学院，当过操作工、维修人员，做过基层管理，当过班组长、线长、课长。不管在哪里，张毅翔始终立足本职岗位，把工作做得比昨天更好、比别人更好。他当操作工的时候，每天面对同样的产品生产，尽管工作简单枯燥，但他总是力求完美。张毅翔开始从事的几个岗位，工作难度都不大，难的是对待每一份工作都能保持一样的敬业精神和认真态度，难的是能把每件小事都做到极致，张毅翔做到了。在当维修工的时候，公司涉及的维修项目，他没有完不成的，松下系统公司的领导赞赏地说："对于张毅翔来说，我们公司没有他修不了的东西。"他多次被评为公司优秀员工，成为企业的骨干力量。

别人问他什么东西都能修是怎样做到的，他说："这得益于在技校学的理论知识，得益于在技校养成的勤动手的习惯和不怕脏、不怕累的精神。"他说，当维修工时自己经常琢磨各种设备、零部件，了解它们的构造和性能特点，由于有理论知识做基础，他动起手来就心中有数，能很快发现问题出在哪里。那些设备、零件在他手中翻来覆去几十回，熟能生巧，修理当然不成问题。

2000年他当了班长，负责组织完成班上的生产任务，保证质量和品质。松下公司在苏州生产的产品有一部分要返销日本，产品进入日本时，日方要进行检查，验证产品质量，程序非常严格。2001年上半年，返销日本的产品中出现6起不良品事件，这已经达到了公司规定的全年不良品上限。产品在国内检查时是合格的，为什么到了日本就不合格了呢？张毅翔着手解决这个问题。

凭着多年对生产过程、质量管理以及控制过程的熟悉，他判断问题应该出在动态管理的漏洞上，也就是说，产品存在一个变化点管理的问题，只有实现了变化点的合理、完善的管理，产品品质才不会因为空间、时间以及其他外在因素的变化而改变。他对症下药，完善了变化点管理程序，改善了动态管理过程，顺利解决了问题。

2002 年他升任制造部科长，进入技能岗位的高层。很多人羡慕他走上了管理岗位，但张毅翔认为，没有人生来就懂管理，管理其实是对过程的熟悉，而对过程的熟悉，不仅是时间的积累，更是技术的不断完善和提高。

张毅翔的故事给我们的启迪就是：干一行，爱一行，精一行，无论我们做什么工作，必须对自己所从事的事业精益求精，刻苦钻研业务知识，做本行业的尖兵，做业绩的榜样。这是职场上追求卓越、立于不败之地的一大法宝。

在英国赛马界，有一位声望很高、极有权威性的人物亨利·亚当斯，他既不是名声显赫的老板，也不是技能出众的赛手，而是一位钉马掌的铁匠。亨利钉的马掌可以说是骏马蹄上最合适的马掌。他说："我给它们钉了一辈子的掌，这就是我的工作，也是我最关心的事，我看到一匹马，首先想到的就是该给它钉一副什么样的掌最合适。"

他一辈子钉马掌，为自己赢得了极高的荣誉。现在他年事已高，但找他钉马掌的赛手们仍络绎不绝，甚至要排队等候，因为在赛手们眼中，他是无人可替代的。

钉马掌的工作看起来微不足道，亨利·亚当斯却做成了这个行业的专家。

由此可见，业精于专，与其诸事平平，不如一事精通，这才是取得业绩、成就伟业的关键，也是职业人士攀登职业高峰的秘诀。

美国前总统老布什在得克萨斯州一所学校做演讲时，对学生们说："比其他事情更重要的是，你们需要知道怎样将一件事情做好；与其他有能力做这件事的人相比，如果你能做得更好，那么，你就永远不会失业。"

在这个世界上，各行各业的技术高手、才华横溢的人才不胜枚举，可是真正成功的人有几个？要想成为本行业的专家，就要专注自己的优势，将优势发挥到极致。一个拥有一项专业技能的人，要比那种样样不精的多面手更容易取得骄人的业绩和获得辉煌的成就。

建立排名前五的专业水平

现代社会已经成为一个专业化的时代，专业人才受到了社会的推崇。而对个人来讲，专业水平已经成为自己的立身之本，构成了自己立足职场的关键因素。只要你认准了自己的专业发展前景，就要坚持自己的选择，这是通向成功的必由之路。不管对于企业，还是个人，都同样适用。当你进入了前五的排名，就会得到社会的认可、肯定。

如今，很多企业都意识到了专业的至关重要，注重在某个领域内努力提升自己的专业水平、能力、技能和经验。

零点调查公司目前在国内调查行业中是发展较好的一家。成立于 1992 年，它的创办人袁岳当时从稳定的国家机关辞职下海，成立了这家专业性调查研究公司。当时，国外的市场调查行业如火如荼，国内却鲜有人了解这个行业，袁岳清醒地认识到了这个行业发展潜力巨大。经过多年的发展，零点一直在走一条专业化的发展方向，在市场调研的领域里，进行很多的探索，为客户提供更加专业的服务。诸如将调查的领域分门别类地细分为房地产汽车研究组、快速变动消费品与金融研究组等，并探索相应的调查分析技术。如今的网络调查随处可见，零点公司早在 1997 年就开始尝试进行网络调查。在追求专业化发展的进程中，能够密切关注本领域的发展趋势，敏锐地捕捉先进的调查技术，才能在行业内站住脚。

零点公司经历了一个厚积薄发的过程。起初，专注于国内很少人知晓的市场调查行业。到如今，这个行业如雨后春笋般遍地开花时，它已经做大做强，使自己的品牌影响力在行业内享有很高的声望。

那么，对于个人来讲，努力提升自己的专业水平的过程固然艰辛。但是，只要自己能够坚持下去，一切的付出都会得到加倍的回报。试想，即使一个资质再平庸的人，如果他能够在自己的专业领域几十年如一日地学习、探索，日复一日、年复一年地积累与沉淀，他的专业水平一定是非常高超的。坚持不懈的力量是非常强大的。

古南在大学期间学习的是英语专业，他本人也非常喜欢英语，专业能力也比较强，所以在毕业找工作的时候，他如愿以偿地进入了一家外企从事英文翻译工作。他的工作很出色，受到了公司上上下下的肯定和认可。但是，他认为在外企的发展不如在国企好。工作了两年后，他看到周围在银行工作的同学收入不错、工作也很稳定，就萌发了跳槽的念头。后来，他通过一些关系，进入了一家银行工作，分配给他的工作岗位是人力资源管理。他对这个工作完全不了解，只能是摸着石头过河。由于没有专业能力，他在银行的晋升机会也很渺茫，自己本来擅长的英语专业也就此荒废掉了。

　　古南仅看到了眼前银行的工资、福利待遇较好，却轻视了自己的专业优势。在竞争如此激烈的情况下，难以发挥自己的专业优势，就失去了与别人竞争的基石。当然，古南的案例并不少见，我们很多人在面临选择的时候，都很可能忽视了专业的重要性。最终，在不知不觉中放弃了远大的志向，安享当前的安逸生活。

　　因此千万不能忽视专业的重要性，努力建立排名前五的专业水平，那么你的核心竞争能力也会不断提升。

学习高手集中精力深度学习

——百门通，不如一门精

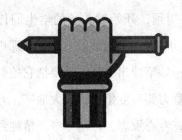

专则精，精则无所不能

孔子带领学生去楚国采风。他们一行从树林中走出来，看见一位驼背翁正在捕蝉。他拿着竹竿粘捕树上的蝉，就像在地上拾取东西一样自如。

"老先生捕蝉的技术真高超。"孔子恭敬地对老翁表示称赞后问，"您对捕蝉想必是有什么妙法吧？"

"方法肯定是有的，我练捕蝉五六个月后，在竿上垒放两粒黏丸而不掉下，蝉便很少逃脱；如垒三粒黏丸仍不落地，蝉十有八九会捕住；如能将五粒黏丸垒在竹竿上，捕蝉就会像在地上拾东西一样简单容易了。"

捕蝉翁说到此处，捋捋胡须，开始对孔子的学生们传授经验。他说："捕蝉首先要练站功和臂力。捕蝉时身体定在那里，要像竖立的树桩那样纹丝不动；竹竿伸出去，胳膊要把它控制得像树枝一样不颤抖。另外，注意力要高度集中，天大地广，万物繁多，在我心里只有蝉的翅膀，专心致志，神情专一。精神到了这番境界，捕起蝉来，还能不手到擒来、得心应手吗？"

大家听完驼背老人捕蝉的经验之谈，无不感慨万分。孔子对身边的弟子深有感触地说："神情专注，专心致志，才能出神入化、得心应手。捕蝉老翁讲的可是做人做事的大道理啊！"

驼背翁捕蝉的故事向我们昭示了一个真理：摈弃浮躁心态，专心致志，心无旁骛，才能又快又好地达到目标。

老子在《道德经》中告诫人们，"致虚极，守静笃"是一种修为的方法。道家时常用到"清"与"虚"两个字，"清"形容境界，"虚"象征境界的空灵，二者异曲同工。"致"是做到、达到的意思，"致虚极"，是要空到极点。"守静笃"讲的是功夫、作用，要专一坚持地守住。

禅宗黄龙禅师用几句形容词解读了这句话，即"如灵猫捕鼠，目睛不瞬，四足据地，诸根顺向，首尾直立，拟无不中"。意思是，一只精灵异常的猫等着要抓老鼠，四只脚蹲在地上，头端正，尾巴直竖起来，两只锐利的眼珠直盯即将到手的猎物，聚精会神，动也不动，随时伺机一跃，给予致命的一击。这个比喻告诉我们，做事时必须精神集中，心无旁骛，方能成功。

自古众生皆有大智慧，小到一草一木、一猫一蛇，都能将老子"致虚极，守静笃"的六字箴言贯彻得极为彻底。除了灵猫之外，人们十分熟悉的母鸡也是如此。无论发生了什么，母鸡都能专心致志守着自己的蛋，真正是"泰山崩于前而色不变"。

很多人在做事情时，经常左顾右盼、三心二意，这样距离成功还有很长一段路，因为你不能专心一处，你太容易为了这些琐碎之事分散精力，等到处理完琐事之后再回到初始目标时，又会浪费许多时间去收心，如此三番两次，时间都浪费掉了，人生的大目标也就渐渐地成了不可企及的事。与灵猫、母鸡这些动物的专一相比，很多人实在缺少笃定之心。

鲁迅说过："如果一个人，能用十年的时间，专注于一件事，那么他一定能够成为这方面的专家。"成就大事的人不会把精力同时集中在几件事情上，而只是关注其中之一。手里做着一件事，心里又想着另一件事，只能让每件事情都做不好。黑格尔认为，那些什么事情都想做的人，其实什么也不能做。一个人在特定的环境内，如果欲有所成，必须专注于一件事，而不分散精力在多方面。当一个人把所有的精力都集中到一点时，就很少存在不能解决的事情，也没有什么突破不了的难关。这个问题解决了，"触类旁通"的事情也会发生，与问题有关联的其他事情也能迎刃而解。可见，专注无论在搞研究、做学术还是生活、事业中，都有极为重要的意义。

古希腊著名演说家戴摩西尼年轻时为了提高自己的演说能力，躲在一个地下室练习口才。由于耐不住寂寞，他时不时就想出去溜达溜达，心总也静不下来，练习的效果很差。无奈之下，他横下心，挥动剪刀把自己的头发剪去一半，变成了一个怪模怪样的"阴阳头"。这样一来，因为头发羞于见人，他只得彻底打消了出去玩的念头，一心一意地练口才，演讲水平突飞猛进。正是凭着这种专心执着的精神，戴摩西尼最终成为世界闻名的大演说家。

生活中，专注不是一种枯燥的实践。很多因专注而成功的人，他们就像小朋友搭积木，拆了做，做了拆，其乐无穷，乐在其中。辛劳惯了的农民，让他闲上三五天，他便心里发慌，不如在田里勤苦开心；作家爬格子苦不堪言，但如果一天不看书、不动笔，便会觉得魂不守舍。大抵各行专注做事的人都如此。当你决定做一件事时，它便是你的生命，为它受苦正是人生的乐事。

做一行爱一行，乐在其中便是专注。因为有乐趣，专注便顺理成章。曹操之于权谋，李白之于诗酒，还有法国拿破仑之于战争与冒险，毕加索之于绘画，这些人专注其中，既完成了自己的事业，也得到了娱乐。

正如李清照所说："专则精，精则无所不能。"当你能全身心投入其中的时候，离成功就不远了。

舍博弃杂，心无旁骛

昭文、师旷、惠子这三位历史上的音乐巨匠，其音乐造诣已达到入道的境界，正所谓"此曲只应天上有，人间能得几回闻"。他们音乐成就的登峰造极源于其个人所"好"，任何学问，任何东西，"知之者，不如好之者"，专心致志，必有所成。学有专长留名万世之人，都是由于他对某一领域有所偏好，用心专一，穷根究底，终于"守得云开见月明"。人生中的许多原则，一言概之：心无旁骛，一门深入。

一位得道高僧来到一座无名荒山，山间茅屋中闪烁金光，高僧料定此间必有高人，遂前往一探究竟。原来，茅屋中有一位老人，正在虔诚礼佛。老人目不识丁，从未研读佛经，只是专注地念着大明咒："唵嘛呢叭咪吽。"高僧深为老人的修为所动，只是他发现老人将六字真言中的两个字念错了，他指点了老人正确的梵音读法后便离开了，想老人日后的修为定能更上一层楼。然而，当一年后，他再次来到山中，发现老人仍在屋中念咒，但金光已不再。高僧疑惑万分，与老人攀谈得知，老人以往念咒专心致志，心无旁骛，而得高僧指点后总是过于关注其中两字的读法，不由得心绪烦乱。

做人做事的道理也是一样。欲望多了，懂得多了，有时便会流于表面，不专一，不深入，博而不专；考虑得太多，困扰了自己，也困扰了他人；思想复杂了，烦恼太多了，痛苦太大了，连自己都救不了，又何况他人？正所谓："一屋不扫，何以扫天下？"

希望每个人都能掌控人生的大原则，用心专一，有始有终，不要像五技而穷的鼯鼠，在关键时候没有一样能够拿得出手。舍博弃杂，只为拥有一心一意的人生。

持志如心痛，一心在痛上

明代最著名的思想家王阳明先生曾在他的著作《传习录》中说："持志如心痛，一心在痛上，岂有工夫说闲话，管闲事。"意思是说，坚持自己的志向，就像患心痛病一样，必定是一心在痛上，专注于一点，哪里还有工夫去说闲话、管闲事呢？

的确如此，用心不专是成功路上的大忌。一事无成常常是人用心不专的恶果。在你的身边肯定有许多庸人，你仔细想过没有，他们为什么会学无专长、一生碌碌无为？仔细观察，你会发现庸人的突出缺点就是难以专心致志。他们做任何事情都不能竭尽心力，于是就像凿井，花了许多时间和精力开凿许多浅井，却不知道花同样的时间和精力去凿一口深井，所以，他们最终喝不到甘甜的井水。

从前有一对仙人夫妻，很喜欢下围棋，在他们下棋的地方，刚好有一棵大树，树上住着一只猴子。就这样，这只猴子长年累月地躲在树上看这对仙人下棋，潜移默化，练就了一身高超的棋艺。

不久，这只猴子下山来，到处找人挑战，结果没有人是它的对手。到最后，只要是下棋的人，一看到对手是这只猴子，就甘拜下风，不战而逃了。最后，这个国家的国王终于看不下去了，全国这么多围棋高手竟然连一只猴子也敌不过，这实在是太丢脸了。于是国王下诏：一定要有人赢过这只猴子。然而猴子的棋艺卓绝，举国上下，根本没有人是它的对手。

这时有一位大臣，自告奋勇地说他要与猴子下一盘。国王问他："你有把握吗？"他回答说绝对有把握，但是在比赛的场地一定要放一盘水蜜桃。比赛开始了，猴子与大臣面对面坐着，在大臣桌子的旁边放着一盘鲜艳欲滴的水蜜桃。整盘棋赛中，猴子的眼睛都盯着这盘水蜜桃，结果，猴子输了。

学习要专注，心无旁骛才能达到自己的目标。人的注意力是有限的，可以执着地挖掘一个问题，却不适合同时做太多事。不管你拥有多么聪明的头脑，具有多么突出的能力，如果你同时做各种事情，你的思维就会变得混乱而复杂，使你的能力无法得到很好的发挥。

有一天晚上，古希腊一位大哲学家边走路边抬头仰望星空，专心研究着天文学的问题，忽然一不小心，跌进了路边的一个河沟里。

"哈哈，你自称知道天上的东西，却不知道脚下的东西。跌进这个河沟里就是你的知识带给你的好处吧！"路人在那里冷嘲热讽。

哲学家看了看一旁幸灾乐祸的人，从河沟里爬上来，笑着说："只有站得高的人，才有从高处跌进河沟里的可能。而有的人本身就如躺在河沟里一样，怎么能从上面跌进去呢？"

歌德对此说道："专心钻研天上奥秘的，怎么再专注脚下路的平坦与否呢？因此，许多大智慧者，在生活琐事上往往是漫不经心的。"要有所成就，必须集中注意力，只有抛开日常生活中点点滴滴烦琐小事的纠缠，才能把所有时间和精力放在自己的目标上，从而实现目标。

清代大将胡林翼说："凡办事皆须神情贯注。若心有二用，则不能有成。"你做事够不够专注？一个专注的人，必然不易为周围的事物分心。一个专注的人，必定也是一个在各方面都能成功的人。如果办什么事情都不专心，必将一事无成。

世界上没有任何可以坐享其成的事情，要想取得成功，就必须脚踏实地地去做。成就人生最根本的一条法则就是，把精力集中在所做的事情上，想办法把事情做好，而不去理会那些与事情无关的东西。

用心而不散乱，聚精而不分心

有一次，罗丹和他的一位奥地利朋友一起来到工作室。在那间有着大窗户的简朴的屋子里，有完成的雕像，有许许多多小塑样：一只胳膊，一只手，有的只是一只手指或者指节，有他已动工而搁下的雕像，堆着草图的桌子。这间屋子是罗丹一生不断地追求与劳作的地方。

罗丹罩上了粗布工作衫，就好像变成了一个工人。他在一个台架前停下。

"这是我的近作。"他说着，把湿布揭开，现出一座女正身像。

"这已完工了吧？"朋友说道。

罗丹退后一步，仔细看着。但是在审视片刻之后，他低语了一句："这肩上线条还是太粗。对不起……"

他拿起刮刀、木刀片轻轻滑过软和的黏土，给肌肉一种更柔美的光泽。他健壮的手动起来了，他的眼睛闪耀着。"还有那里……还有那里……"他又修改了一下。他把台架转过来，含糊地吐着奇异的喉音。他时而高兴得眼睛发亮，时而苦恼地蹙着双眉。他捏好小块的黏土粘在雕像身上，刮开一些。

罗丹已经完全融入自己的雕塑世界，外界的一切好像已经对他失去了任何意义。这样过了半点钟、一点钟……他没有再向他的奥地利朋友说过一句话。他忘掉了一切，除了他要创造的更崇高的形体的意象。他专注于他的工作，犹如创世之初的上帝。

最后，带着喟叹，他扔下刮刀，像一个男子把披肩披到他情人肩上那样温存地把湿布蒙上女正身像。他转身要走，在他快走到门口时，他看见了朋友。他凝视着，就在那时他才记起，他显然为他的失礼感到惊惶："对不起，先生，我完全把你忘记了，可是你知道……"

朋友握着他的手，感谢地紧握着。也许他已领悟朋友所感受到的，因为在他们走出屋子时他微笑了，用手抚着朋友的肩头。

罗丹先生正是出于对自己工作的热爱、全身心的投入以及一种对自己负责的使命感，才得以在人类的美术史上留下浓重的一笔，他成为继米开朗琪罗之后雕塑史上的又一座高峰。

综观世间学有专长之人，都是能够用心专一、全力投入的人。柏杨先生便是其中之一，据柏杨先生的妻子张香华女士所说，近十年牢狱生活，柏杨先生所住的"囚室内只有一支悬在天花板上的日光灯"，柏杨先生在这样的情况下，不停地著作，完成了《中国人史纲》《中国帝王皇后亲王公主世系录》《中国历史年表》三本历史研究丛书。柏杨先生即使在如此恶劣的环境之下，仍然坚持他的创作，无疑已经将他所有的精力都投入他的写作事业之中，同时，他因为"光线微弱，过度辛劳和营养不良"，而严重地损坏了眼睛。

即便如此，"柏杨案上永远堆积着做不完的工作"。如此的全心投入，使柏杨先生收获颇丰，他的一位朋友曾经想要请他列出全部著作的名单，但这位多产的人自己也记不清楚到底有多少本作品了。柏杨先生让我们见证了"世上就怕'认真'二字"这一道理。

明代莲池大师在《竹窗随笔》中说道：宋代书法家米芾说过，学习书法必须专一于书法，不要再有其他爱好分心，方能有成就。与此类似的是，古代善于弹琴的人，也说必须专攻两三支曲子，方能进入精妙的境界。这里说的虽是小事，但也可以借喻大的方面。把心集中在一个地方，就没有办不到的事。

勤勉精进，对于任何事情都要有一种专注认真的态度，这样才能提升自我。人生只有一次，而且时光短暂易逝，没有比这仅有一次的人生更加值得我们去认真对待的了。不管我们的人生发生什么事情，遇到什么样的人，我们都应该认认真真、专心致志地对待我们生命中的每一分、每一秒，力求将其做到最好。

卡耐基说："一般人只投入 25% 的精力和能力在工作上；愿意在工作上投入 50% 以上能力的人，是值得全世界人脱帽致敬的；至于 100% 投入工作的人，可以说，在这个世界上找不出几个。"从这番话中，我们可以看出，认真专注工作的人是相当可贵的。

专注是我们对生活、对人生的一种态度，一个懂得事事都认真的人，一定是一个热爱生活且懂得生活的人。斯蒂芬·茨威格曾说过："一切艺术与伟业的奥妙就在于专注，那是一种精力的高度集中，把易于弥散的意志贯注于一件事情的本领。"一个人如果能做到除了追求完整意志之外把一切都忘掉，把自己完全沉浸于对自我的提升之中，那他就是一个天才，他就能在求知的路上走得更远。

人生不只需要"家事国事天下事，事事关心"，更多的时候需要有"两耳不闻窗外事，一心只读圣贤书"的专注精神。

专心一意，必能补拙

有这样一个人，他从小文科成绩一直不太好。他的读写速度很慢，英文课需要阅读经典名著时，只能从漫画版本下手，以求勉强过关。他常常说："我的脑袋里有想法，但是没有办法将它写出来。"后来，医生诊断他患有识字障碍。之后他凭借优异的数理成绩，进入美国名校斯坦福大学就读。他发现商业课程对他而言比较容易，于是他选择主修经济，在英文及法文仍然不及格的同时，全力投注于商学领域，获得工商管理学硕士学位。毕业时，他向叔叔借了 10 万美元，想自己创业。他于 1974 年在旧金山创立的公司，如今已是世界 500 强企业，拥有 26 万多名员工。

他就是施瓦布，嘉信理财的董事长兼首席执行官。现在，施瓦布的读写能力仍然不佳，他阅读时必须念出来才行，有时候一本书要看六七次才能理解，写字时也必须以口述的方式，借助电脑软件完成。

一个先天学习能力不足的人，何以能成就一番事业？施瓦布的答案是：由于学习上的障碍，他比别人更懂得专注和用功。

"我不会同时想着 18 个不同的点子，我只专注于某些领域，并且用心钻研。"他说。这种"一次只做一件事"的专注态度，也体现在嘉信 27 年的历史中。当其他金融服务公司将顾客锁定于富裕的投资者时，嘉信推出平价服务，专心耕耘一般大众的投资市场，终于开花结果。之后随着科技的进步及顾客的成长，嘉信于每个时期都有专心投注的目标。它许多阶段的努力成果，成为业界模仿的对象，在金融业立下一个个里程碑。

因此，无论做任何事，专心致志地完成自己已锁定的目标，才是成事之道。任何在某一事业上有所成就的人不一定都是智慧高超的人，但都是对自己所做的每一件事情极其专注的人！的确，成功来源于专注。

陈寅恪先生作为中国近现代史上著名的国学大师，在历史学、古典文学、语言学等方面都卓有建树，其知识面之广令人赞叹不已。但陈先生强调自己虽然涉及的领域较多，但在学习时最主要的是做到专心一意，他说人在同一个时间只能做好一件事情，我们也只有将有限的时间和精力都投入一件事情上才能将这件事情做到最好。在做一件事情的同时又做另一件事情的结果则只能是两件事情都做不好，学习容不得半点马虎，只有做到专心一意，才能事半功倍。

俗话常说在做事情时，"一心不可二用"。孔子说"术业有专攻"，意思就是说各行各业都有自己的"门道"，之所以需要专攻是因为人的时间和精力都是有限的，为了把一件事情做到最好就需要我们集中精力，做到一心一意。

人一生的时间和精力都是极其有限的，如果我们想去成就一件事情，就必须将自己仅有的时间和精力集中地投入一件事情中，对于学习来说更是如此。只有一心一意地去做，才能获得渊博的知识。

哪里有专注，哪里才会有思考和记忆。专注是认知和智力活动的门户。没有专注，我们可能一事无成。有位专家说：注意力是学习的窗口，没有它，知识的阳光就照射不进来。功课学不好，可能与注意力不稳定、不集中以及分配不合理有关。所以，即使你天资平平，只要你专心一意，你仍然能够笨鸟先飞，记住：成功属于每一个专注的人！

百门通不如一门精

做通才还是做专才？这恐怕是在成长过程中一直困扰我们的一个问题。每个人都想学习更多的本领，但人一生的精力是有限的，要懂得合理分配才能有所成就。如果你将精力分摊到几件事情上，就会发现每件事都可以做但不会做到最好。而现代社会是一个专业化的社会，并不缺少什么都会一点的人才，现在缺少的是专业化的技能人才。在这里，你只有业有所精、技有所长，使自己在某一领域中有过人之处，你才能获得更多成功的机会。否则，自认为多才多艺，实则样样不精。

多年前，当电脑自动化的新技术还未面世时，在工商管理方面极负盛名的哈巴德曾经这样说："一架机器可以取代五十个普通人的工作，但是任何机器都无法取代专家的工作。"

果然，现代数以万计的普通工作都已经由机器取代了，但专门人才的地位还是稳如泰山。因为没有这些专家来操纵机器，机器就会像废物一样毫无用处。

人生在世，安身立命，你必须有一样拿得出手的专长。不学无术、得过且过，没有掌握半点拿得出手的本事肯定不行；虽好学肯干，但目标散，用心不专，这样本事虽多，却大多水平一般，没有一样拿得出手也不行；浅尝辄止，"半罐"既安，不能学精学透，直至高点，这样虽有一样本事，仍然拿不出手，还是不行。俗话说，不怕千招会，就怕一招熟。如果学东西学得不够精，比上不足，比下有余，在外行面前还能耍一下威风，但遇到了真正的行家里手，就会露出破绽。

古代天津有位小名叫"狗子"的生意人，只是对蒸包子有所专长，他成功地创下了一个名扬中外的狗不理包子老字号；北京的王麻子只是剪刀做得好，他却凭它成功地开创了自己的事业。相反，许多知识涉猎广博的人，对各个领域都是浅尝辄止，结果一生平庸，默默无闻。

当代社会是一个竞争的社会，要在这个环境中立足、发展，你一定要有至少一样技能拿得出手。

一技在手，事半功倍

掌握一门技能，对学习和工作的影响是积极的、显而易见的，同时也是巨大的。将技能熟练掌握在手里，往往能够起到事半功倍的效果。

一技之长是生存之根本，不论你想在哪一方面有所成就，也不论你想从事什么职业，都需要有自己的专长。

一技之长可以帮助你完成一番事业。只要有一技之长，就能够在这个充满竞争的社会生存；只要有一技之长，就能够做出不一样的成就；只要有一技之长，你就不用怕。

1946年的秋天，26岁的汪曾祺从西南联大肄业后，只身来到上海，打算单枪匹马闯天下。在一间简陋的旅馆住下后，他就开始四处找工作。工作显然不好找，他便每天在胳肢窝里夹本外国小说上街。走累了，他就找条石凳，点燃一支烟，有滋有味地吸着，同时，打开夹了一路的书，细心阅读起来。有时书读得上瘾了，干脆把找工作的事抛到一边，一颗心彻底跳入文字里沐浴。

日子越拖越久，兜里的钱越来越少；能找的熟人都找了，能尝试的路子都尝试过了。终于，有一天下午，一股海涛般的狂躁顷刻间吞噬了他！他一反往日的温文尔雅，像一头暴怒不已的狮子，拼命地吼叫。他摔碎了旅馆里的茶壶、茶杯，烧毁了写了一半的手稿和书，然后给远在北京的沈从文先生写了一封诀别信。

信邮走后，他拎着一瓶老酒来到大街上。他边迷迷糊糊地喝酒，边思考一种最佳的自杀方式。他一口口对着嘴巴猛灌烧酒，内心里涌动着生不逢时的苍凉……晚上，几个相熟的朋友找到他，他已趴到街侧一隅醉昏了。还没有从自杀情结中解脱出来的汪曾祺很快就接到了沈先生的回信。沈先生在信中把他臭骂了一顿，沈先生说："为了一时的困难，就这样哭哭啼啼的，甚至想到要自杀，真是没出息！你手里有一支笔，怕什么？"

沈先生在信中谈了他初来北京的遭遇。那时沈先生才刚刚20岁，在北京举目无亲，连标点符号都不会用，就梦想着用一支笔闯天下。但只读过小学的沈先生最终成功了，成为国内外享有盛誉的大作家。读着沈先生的信，回味着沈先生的往事和话语，汪曾祺先是如遭棒喝，后来一个人偷偷地乐了。他终于想通了：我有一支笔，写得一手好文章，我还怕什么呢？

不久，在沈先生的推荐下，《文艺复兴》杂志发表了汪曾祺的两篇小说。后来，汪曾祺进了上海一家民办学校，当上了一名中学教师，再后来，他也和沈先生一样，成了国内外享有盛誉的作家。

生活就是这样的，它不会轻易让某一个人没落，只要你有足够强硬的专长。掌握一种技能，实际上就是持有一张通行证：如果你弹得一手好琴，这也许就是你进入音乐领域的通行证；如果你画得一手好画、写得一手好字，这也许就是你进入美术行业的通行证；如果你讲得一口流利的外语，这也许就是你进入涉外行业的通行证；如果你做得一手好菜，这也许就是你成为酒店名厨的通行证；如果你有超人的口才，这也许就是你进入律师行业的通行证……

就像看电影需要一张影票做通行证，生活的路上处处有关口，处处都需要你出示通行证。如果你拿不出一张足以通过关口的证明，就只能像流浪者一样在街道上游荡，而没有归宿。

像凸透镜一样聚焦全部能量

曾有一位苦恼的青年对昆虫学家法布尔说："我爱科学，也爱文学，对音乐、美术也十分感兴趣。我把全部时间、精力都用上了，却收效甚微。"法布尔微笑着从口袋里掏出一个放大镜说："把你的精力集中到一个焦点上试试，就像这个凸透镜一样！"

一个人的精力和时间本来就是很有限的，在这种情况下，如果选不准目标，到处乱闯，几年的时间会一晃而过。如果想取得突破性的进展，就该像打靶一样，迅速瞄准目标；像激光一样，把精力聚于一束。一个人只要"咬定青山不放松"，长期专注于某一事业，他通常就能成为这方面的专家、成功者。

法国的博物学家拉马克，是兄弟姐妹 11 人中最小的一个，最受父母宠爱。他的父亲希望他长大后当牧师，送他到神学院读书。他却爱上了气象学，想当个气象学家，整天仰首望着多变的天空；没多久他又在银行里找到了工作，想当个金融家；后来他又爱上了音乐，整天拉小提琴，想成为一个音乐家；这时，他的一位哥哥劝他当医生，于是他又学医4年。

一天，拉马克在植物园散步时，遇到了法国著名的思想家、哲学家、文学家卢梭。受卢梭的影响，"朝三暮四"的拉马克固定了自己的奋斗目标，他用26年的时间，系统地研究了植物学，写出了名著《法国植物志》。后来，他又用35年的时间研究了动物学，成为一位著名的博物学家。

世界上许多伟大事业的成就者都是一些资质平平的人，而不是那些表面看起来出类拔萃、多才多艺的人。为什么会出现这种情况呢？其实，在我们的生活中可以处处见到这种情况：一些人取得了远远超出他们实际能力的成就。很多人对此疑惑不解：为什么那些看上去智力不及我们一半、在学校里排名末尾的学生却获得了巨大的成功，并在人生的旅途中把我们远远地抛在了后面呢？其实，那些看起来智力平庸的人，往往能够专注于某一领域、某一事业，并长期耕耘不辍，最终实现了自己的目标；而那些所谓的智力超群、才华横溢的人，总是喜欢毫无目的地四处游荡，等到蓦然回首时，仍旧一无所有。

文学大师歌德曾这样劝告他的学生："一个人不能骑两匹马，骑上这匹，就要丢掉那匹，聪明人会把凡是分散精力的要求置之度外，只专心致志地去学一门，学一门就要把它学好。"鲁迅也说："若专门搞一门，写小说写十年，做诗做十年，学画画学十年，总有成功的。"

纵览古今中外，凡杰出者，无一不是"聚焦"成功的。法布尔为了观察昆虫的习性，常达到废寝忘食的地步。有一天，他大清早就伏在一块石头旁。几个村妇早晨去摘葡萄时看见法布尔，到黄昏收工时，她们仍然看到他伏在那儿，她们实在不明白："他花一天工夫，怎么就只看着一块石头，简直中了邪！"其实，为了观察昆虫的习性，法布尔不知花去了多少个日日夜夜。数学家陈景润数十年如一日地研究"哥德巴赫猜想"。清代著名画家郑板桥，作画 50 余年，始终"咬定青山不放松"，专画兰竹，不画他物，终于成为擅画兰竹的高手。还有徐悲鸿擅画马，齐白石擅画虾，黄胄擅画驴，而古人唐伯虎拿手的则是仕女画。画猫专家曹今奇，从 8 岁起学画，专画猫，他画的猫曾在国内首屈一指，连许多国外商人也向他高价订购"猫画"。如果他们想行行拿状元，恐怕只能是白白浪费时间。

那么，怎么才能培养专注的习惯，克服"今天想干这个，明天想干那个"的朝三暮四的毛病呢？以下几点建议可供借鉴。

1.找到真正的兴趣所在。兴趣，是推动学习的重要内在动机，往往可以决定一个人的一生道路。有了兴趣，我们就能废寝忘食，全神贯注。

2.不要因一时不出成果而动摇。许多人一心想有所成就，这种心情是可以理解的。但急于求成，则容易走向反面。

3.不要为别人的某些成功所诱惑。干事业，最忌见异思迁，而造成见异思迁的原因有很多，其中一个原因就是为别人的某些成功所动。正确的做法是认准自己的目标，执着地追求。

4. 不要怕艰辛，要舍得吃苦。有些人对爱因斯坦在物理学领域的杰出贡献羡慕不已，却很少琢磨他床下几麻袋的演算稿纸；有些人对NBA（National Basketball Association，美国男子职业篮球联赛）球员的声誉津津乐道，却很少去想他们每人究竟洒下了多少汗水。因此，千万不要光羡慕别人的成果，要准备下些苦功夫才行。

5. 控制自己的情绪、心态。应学会尽量少受外界干扰，即便受了干扰，也要及时"收回脑子"，这也是锻炼专注力的一个重要方面。

习惯五

○

学习高手经常主动刻意学习

——与时代同步，不断更新自己的知识储备

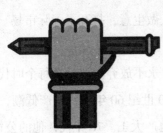

磨刀不误砍柴工，自我更新要先行

　　身为华人首富的李嘉诚，一直是企业家学习的榜样，而李嘉诚本人本就是一个爱学习、善于更新自我的优秀企业家。李嘉诚青年时基本没受过正式教育，尤其是英语，连 26 个英文字母都没学全，可是他深知在香港做生意，不学好英语永远没有出息。经过极为刻苦的学习，他的英语水平甚至比普通的大学生还要高。20 世纪 50 年代他做塑胶花生意时，订阅了好几种塑胶杂志，以便能够掌握最新形势。在外国杂志中，他留意到一部制造塑胶模的机器，但从外国订制太贵了，于是他凭着自学的英文研制了这部机器，这成为他早年非常得意的事情之一。他又靠着自己当时还很不流利的英文和外国人做生意，打开了国际市场。短短几年的时间，他就成了享誉东南亚的"塑胶大王"了。

　　此后，他不断挑战自我，永不放弃学习，在每个时代，都能成为引领风潮的杰出人物。20 世纪 60 年代，地产低潮，李嘉诚大举入市，从塑胶大王变为地产大王。70 年代，他的公司上市，成为在资本市场纵横捭阖的王者。在新经济时代，他又一举进入电信和网络行业。1999 年，他以 140 亿美元的价格卖掉电信公司，然后大举进入欧洲的 3G 业务。他旗下的 Tom 公司，以网络为核心，整合传媒产业，建立起庞大的传媒帝国。他在 70 岁的高龄，仍然坚持学习，当别人向他请教如何决策时，他说："你自己应该知识面广，同时一定要虚心，多听专家的意见。自己作为一家公司的最后决策者，一定要对行业有相当深的了解，不然的话，你的判断一定会出错。"

从一个街头推销员到今天举足轻重的商业领袖，李嘉诚自我更新的精神值得我们每个人学习。

自我更新是为了适应某种环境而对自己进行的改善。任何事物都是在不断的自我完善、自我更新中适应环境的变化。

小张原先是某公司的部门经理，有一次因工作上的失误被老板给撤职了，降为普通的员工。小张心里很不舒服，觉得自己很丢面子，于是每天闷闷不乐，低着头上班，以前的那股子拼命三郎的干劲消失得无影无踪。小张其实每天都在劝自己：没关系，一切从头再来，以前能做到，现在一样能做到。可是小张一到公司就完全没了工作热情。

现实生活中的许多人或许学习知识的里并不差，但心理上的"自新"能力很差。就像小张，他也知道自己应该从失意中站起来继续工作，可他就是过不去心里的坎。认识到了自己的不足，却没有更新的勇气。德鲁克说，要做到自我更新，最有效的途径就是去寻找意想不到的成功，并且去实现它，但是很多人会对成功的迹象视而不见，因为他们眼中只有困难。摆在小张面前最正确的道路是摆脱心灵上的障碍，立即执行自己的想法：没关系，一切从头再来，以前能做到，现在一样能做到。

现在是知识型社会，人们越来越依赖知识进行工作，人们对于知识的依赖日益超过技术。新知识以越来越快的速度取代旧知识，作为知识工作者，如果不更新自己的知识，将会在工作中越来越被动。很多人都有这样的体会，以前所学的专业知识与经验技术，很快就不能满足现在的工作、生活所需。试想，在漫长的一生中，社会一直在不断变化，在每一个阶段都会有不同的需求、能力和远景目标，不进行自我更新，何以适应变化多端的社会？所以，我们要不断进行自我提升，不断更新自己的知识结构。只有不断自我更新，才能适应不断变化的工作。

一个老农在森林里见到一个樵夫正忙于砍树而疲惫不堪。于是对他说："你看来累极了，为什么不休息一下，把斧子磨一磨呢？那么工作会顺利一点啊！"

"可我没时间磨斧子，"那人说，"我正忙着砍树呢。"

其实我们很多时候像这个樵夫一样，越是时间紧迫越像没头的苍蝇一样乱转，却忘了只要我们能静下心来思考一下，也许就不会浪费那么多的时间。古话说得好，磨刀不误砍柴工。很多人急于提高自己的成绩，所以拼命做却收效甚微，原因就在于没有花时间"磨斧"。

所以，花时间磨利斧子，实际上就是提高你自己的能力，就是自我更新。

要学会自我更新，就要先学会自我认识、自我评价、自我发现、自我改善。把自己今天做的事情和预计今天做的事情相互比较，从中发现两者的差异，并进行修正。一味地想着自我更新，却不知如何自我更新，这样我们永远达不到自我更新的目的。

要学会自我更新，还要做到及时清理心理垃圾。我们在社会实践、人际交往、自我学习的过程中，应不断获得新知识、新经验，不断自我完善、自我更新，不断去除自身心理上的各种缺陷，提高自己的心理素质。如果我们禁锢自我，与社会脱节，不善于进行知识上的学习和心理上的自省，不善于把社会实践和自己的知识相结合，那我们就无法做到"自新"。

苟日新，日日新，又日新

古人说："苟日新，日日新，又日新。"意思是：如果能够一天新，就应保持天天新，新了还要更新。

"苟日新，日日新，又日新"展示的是一种革新进取的姿态，是自觉弃旧图新的升华。

每天更新一点点，进步一点点，它具有无穷的威力，只是需要我们有足够的耐力，坚持到最后。成功就是简单的事情重复地去做。每天进步一点点是简单的，之所以有人不成功，不是他做不到，而是他不愿意做那些简单而重复的事情。因为越简单、越容易的事情，人们也越容易不去做它。

要求自己每天进步一点点，就要让自己在漫长人生旅途中，今天要比昨天强，今天的事情今天做，每天都在为心中那个大目标做着不懈的努力！为此，要始终保持一份平静、从容的心态，步履稳健地走好人生的每一步，不允许虚度每一天，不放过每一天的繁忙，不原谅每一天的懒散，用"自胜者强"来勉励、监督和强迫自己，克服浮躁，战胜动摇。要求自己在生活中每天更新一点点、进步一点点，不是做给别人看，所以不能懈怠，更不能糊弄自己，而是要用严于律己的人生态度和自强不息、每天进步一点点的可贵精神，走一条积极进取的光明大道。

我们处于知识经济蓬勃发展的历史阶段，知识迅速更新，所有的人都必须善于学新、坚持更新。只有坚持学习，才谈得上生存、发展、创新等一系列问题。

众所周知，我们赖以生存的知识、技能和车子、房子一样，会随着岁月的流逝不断折旧。美国职业专家指出，现在职业半衰期越来越短，所有高薪者若不学习，不到 5 年就会变成低薪。当 10 个人中只有 1 个人拥有电脑初级证书时，他的优势是明显的，而当 10 个人中已有 9 个人拥有同一种证书时，那么原来的优势便不复存在。

皮特·詹姆斯现在是美国当红主播。在此之前，他曾一度毅然辞去人人艳羡的主播职位，到新闻的第一线去磨炼自己。他做过普通的记者，担任过美国电视网驻中东的特派员，后来又成为欧洲地区的特派员。经过这些历练后，他重新回到主播的位置。而此时的他，已由一个初出茅庐的略微有点生涩的小伙子成长为一位成熟稳健又广受欢迎的主播兼记者。

皮特·詹姆斯最让人钦佩的地方在于，当他已经是同行中的优秀者时，他没有自满，而是选择了继续学习，使自己的事业再攀高峰。

因此，当你的工作进展顺利时，要加倍地努力学习；当工作进展得不顺利，不能达到工作岗位的要求时，那你更要加紧自己学习的进度。在瞬息万变的现代社会，"更新"是我们为自己开创一番天地的利器。

学如逆水行舟，不进则退

系山英太郎，一位在日本政商界呼风唤雨的显赫人物，30岁即拥有了几十亿美元的资产；32岁成为日本历史上最年轻的参议员。2004年《福布斯》杂志全球富豪排行榜上显示，系山英太郎个人净资产49亿美元，排行第86位。他的赚钱秘诀何在呢？系山英太郎回答道："善于学习是制胜的法宝。"系山英太郎一直信奉"终身学习"的信念，碰到不懂的事情总是拼命去寻求解答。通过推销外国汽车，他领悟到销售的技巧；通过研究金融知识，他懂得如何利用银行和股市让大量的金钱流入自己的腰包……即使后来年龄渐长，系山英太郎仍不甘心被时代淘汰。他开始学习电脑，不久就成立了自己的网络公司，发表他个人对时事问题的看法。即使已步入老迈之年，系山英太郎依然勇于挑战新的事物，热心了解未知的领域。

正是凭借终身学习，系山英太郎让自己始终站在时代的潮头之上。所以，如果你想事业有成，如果想使自己的人生富有意义，那么从现在开始，就将终身学习作为你一生的事业！

在工作和生活中，我们只有不断地学习、不断地吸收新知识，才能保持自己已有的能力并不断得以提高。任何一个人，即使在某一方面的造诣很深，也不能够说他对这一领域已经彻底精通、彻底研究了。"生命有限，知识无穷"，任何一门学问都是无穷无尽的海洋，都是无边无际的天空……所以，谁也不能够认为自己已经达到最高境界而停步不前、趾高气扬。如果是那样的话，则必将很快被同行赶上，很快被后人超过，自己优越的地位也会逐渐丧失。

学习如逆水行舟，不进则退。只有虚心学习，不断地充实自己，才能够精益求精，不断进步。如果只是粗通一点皮毛就骄傲自满，只会阻碍自己前进的步伐。学无止境说的正是这个道理，骄傲自满无异于故步自封，很难取得进一步的成就。

一个要求自己不断习新、不断进步的人，无论自己处于职业生涯的哪个阶段都会把不断学习当成自己的一项重要习惯。因为他们清楚自己的知识对于事业和人生而言是必不可少的。正因如此，他们必须好好自我监督，不能让自己的技能落在时代之后。在瞬息万变的现代社会里，"学习新知识"是让我们能够为自己开创一番天地的利器。当我们试图通过学习超越以往的表现，我们才能真正走向成功。

"活到老，学到老"不是一句夸夸其谈的话，它是一种智慧。不断学习的人才会保持自己头脑的灵活，才能保证自己的思想向前不断地跨越，才能保证自己不会被淘汰。因此，我们要养成不断习新的习惯，保持这种习惯会帮助你走向成功。

高速增加新知，在升职前升值

汤姆在一家广告公司工作了一年，由于不满意自己的工作，他愤愤地对朋友说："我在公司里的工资是最低的，老板也不把我放在眼里，如果再这样下去，总有一天我要跟他拍桌子，然后辞职不干。"

"你对那家广告公司的业务都弄清楚了吗？对于公司运营的窍门完全弄懂了吗？"他的朋友问道。

"没有！"

"大丈夫能屈能伸！我建议你先冷静下来，认认真真地对待工作，好好地把他们的一切经营技巧、商业文书和公司组织完全搞通，甚至包括如何书写合同等具体事务都弄懂了之后，再一走了之，这样做岂不是既出了气，又有许多收获吗？"

汤姆听从了朋友的建议，一改往日的散漫习惯，开始认认真真地工作起来，甚至下班之后，还留在办公室研究商业文书的写法。

一年之后，那位朋友偶然又遇到他。"你现在大概都学会了，可以准备拍桌子不干了吧？""可是我发现近半年来，老板对我刮目相看，最近更是委以重任了，又升职又加薪，说实话，现在我已经成为公司的红人了！"

"这是我早就料到的！"他的朋友笑着说，"当初你的老板不重视你，是因为你工作不认真，又不肯努力学习；后来你痛下苦功，担当的任务多了，能力也加强了，当然会令他对你刮目相看了。"

汤姆成为公司红人是他用心磨炼自己、自我升值的结果。然而，职场中没有永远的红人，再优秀的人才也会"折旧"。企业购置的机器设备都会按一定年限折旧，这是谁都明白的道理。同样，随着知识更新速度的加快，就业竞争的日趋激烈，人们赖以生存的知识、技能也会随着岁月的流逝而不断地折旧。在这个知识与科技发展一日千里的时代，只有不断地学习，才能充实自己，才能获得成长，才能使自己在职场上始终立于不败之地，自己所在的团队才会成为一直走在最前列的精英团队。

职场中的原则是"先升值，再升职"。如果不升值或者让自己贬值，那么等待在前面的只有被淘汰的命运。现在职场中流传"三八"法则，就是未来不会被职场淘汰的员工应该是8小时工作、8小时学习、8小时休息的员工。而一个团队，要想在未来激烈的竞争中立于不败之地，也要具有这种"三八"精神。心有多大，学习的路就有多长，产生的效果就有多好。

美国管理学者华德士提出："21世纪的工作生存法则就是建立个人品牌。"他认为，不只是企业、产品需要建立品牌，个人也需要在职场中建立个人品牌。要告别"本领恐慌"，更好地面对职场危机，我们就要为自己树立良好的个人品牌。让个人品牌永不衰落的方法，就是不断学习。

李凡初进公司的时候只是一名普通的业务员，然而后来一步一个脚印，李凡由业务员成长为公司的市场部经理，随后又成为公司的市场总监，以下是他从一个市场部经理成长为市场总监的过程。

在成为公司的市场部经理之后，李凡很快就对自己的工作有了一个正确的定位：在企业的营销过程中，市场部经理的位置十分重要，一个优秀的市场部经理，在很大程度上能够协助市场总监完成营销战略任务。李凡认为一个优秀的市场部经理必须具备以下四种基本素质：（1）具有营销策划的能力；（2）具有品牌策划的能力；（3）具备产品策划的能力；（4）具有对市场消费态势潜在性的分析能力。

后来，李凡又认真研究了大多数公司对市场部经理的更高要求，他觉得自己应该在目前的能力基础上进一步学习，以提升自己的工作能力。首先，他从掌握各项营销策略入手进行学习，因为他过去从事的是广告策划工作，对营销策略知之甚少。之后，他又开始不断强化自己的执行力，因为他发现自己对于公司营销推广的整个过程监控实施的力度都很差。另外，李凡认识到自己的市场应变能力很差，缺乏市场销售过程的锤炼和亲身的市场销售体验，这是他在工作中最大的软肋。

有了这些深刻而全面的认识之后，李凡开始着手逐步提升自己的业务素质，他首先对自身这些薄弱的因素进行弥补，先让自己成为一名优秀、称职的市场部经理。后来，他又用了三年的时间来亲身体验营销实践。与此同时，李凡又学习了丰富的组织管理知识、全面的法律知识和财会知识，因为这些知识在工作的时候很有用处。当然了，修炼对团队的掌控能力也是李凡学习的一个重要方面，如果控制不了下属团队，那么一切都是空谈。

通过几年的认真学习和实践锻炼，李凡终于如愿以偿地成了公司的市场总监，他为公司的市场营销作出了极大的贡献，但就是在担任了公司市场总监以后，李凡仍然在不断充实自己。

现在，李凡已经成了公司中不断成长的楷模，董事长总是让其他员工向李凡学习。

据美国国家研究委员会的一项调查发现：半数以上的劳动技能在短短的 3～5 年就会因为跟不上时代的发展而变得无用，而以前这种技能折旧的期限则长达 7 ~ 14 年。所以，我们每个人都要在课余时间及时为自己充电，不要"吃老本"，通过学习弥补自己的不足，提升自己的优势。

要想成功，就必须"比别人多会一点，比别人多做一点"，修炼一身能够驱动自我的"好功夫"。获得成功的秘密就在于不遗余力地学习，最大限度地激发自己的潜能，让自身不断升值。多会一点，多做一点是现代社会对每一个人的要求，也是一个人成功的秘诀。

给大脑"充饥"，一本万利

在就业竞争日趋激烈的今天，吃饭的本钱是什么？是知识。只有不断学习、善于学习的人，才能具有高能力、高素质，才能不断获得新信息、新机遇，才能够获得成功。如果不能不断提高自身素质，跟不上时代发展的步伐，那么，我们面临的可能就是被淘汰！

孜孜不倦地学习，是人生的一种姿态、一种精神、一种大格局。学习应该是一个人一生中最重要的投资，一项伴随终身的最有效、最划算、最安全的投资。富兰克林说过："花钱求学问，是一本万利的投资，如果有谁能把所有的钱都装进脑袋中，那就绝对没有人能把它拿走了！"

现在，许多人的想法仍未能摆脱一些老观念的束缚——总觉得学习是学校里的事，走出校门后就无须继续学习了。有些人花几百块钱买一件高档衣服一点不嫌贵，但要从钱包里掏出十几块钱买本书倒觉得不能承受。他们往往舍得在子女身上进行本领投资，却忽视了对自身的本领投资，把对自身投资的重点放在吃、穿、住和保健上。很早以前，罗曼·罗兰就说："成年人慢慢被时代淘汰的最大原因不是年龄的增长，而是学习热忱的减退。"如果你能够始终保持学习热忱，在走出校门后继续学习、终身学习，你就获得了很大的成功性。

在风云变幻的社会中，善于创新、充满活力及经验丰富的资深人士不断涌进我们的生活和工作中，我们每天都在与几百万人竞争，因此必须不断提升自己的价值，增进自己的竞争优势，学习新知识并在工作中学到新技能，否则我们将无法保持现有位置，更别说提高自己的地位了。

米勒由于家里支付不了学费，高中毕业后不得不去找工作，由于没有学历，他只是作为一名送水工被建筑公司聘用了。对待送水工作，他并不像其他送水工那样，刚把水桶搬进来，就一面抱怨工资太少，一面躲起来吸烟，而是给每位建筑工人的水壶倒满水，并利用工人们休息的时间，请求他们讲解有关建筑的各项知识。没几天，勤奋好学、不满足现状的他，就引起了建筑队长的注意。两周后，他被提拔为计时员。

做上计时员的米勒依然精益求精地工作，他总是早上第一个来，晚上最后一个走。因为他勤学知识，对包括地基、垒砖、刷泥浆等在内的所有建筑工作都非常熟悉，所以当建筑队长不在时，一些工人总爱问他。

一次，建筑队长看到米勒把旧的红色法兰绒撕开套在日光灯上以解决施工时没有足够的红灯照明的难题后，便决定让这个年轻人做自己的助理。就这样，米勒通过自己的主动学习，勤奋努力抓住了一次次机会，用了五六年时间，便晋升为这家建筑公司的副总经理。

虽然米勒升迁为了公司的副总经理，但他依然坚持勤奋工作。他常常在工作中鼓励大家学习和运用新知识、新技术，还常常自拟计划，自画草图，给大家提出各种好的建议。只要给他时间，他就可以把客户希望他做的事做到最好。

学习并不一定是一口气买很多书，花费整个周末甚至十天半月去参加培训班，学习可以像李嘉诚那样，每天利用空闲的时间看点书，学一点东西，这样长期积累的知识，会比立志要学习而无法坚持的人学得更多、更有效、更踏实。

不断学习，向成功的人学习，向身边的人学习，只要每天进步一点点，就没有什么能阻挡你获得成功，而你人生的格局之门也会缓缓打开。

善于总结失败，在错误中不断学习

有人曾问一个孩子是怎样学会溜冰的。那孩子回答说："哦，跌倒了爬起来，爬起来再跌倒……就学成了。"邓亚萍的教练惠均在总结邓亚萍的成功之路时说："在不熟悉的情况下，邓亚萍有可能输在不知名的选手手下，但下次你就别想再胜她，因为她最善于从失败中吸取教训，并找到战胜对手的诀窍。"一个记者采访爱迪生时问道："在发明灯泡的过程中你失败了10000多次，为什么还有勇气继续下去？"爱迪生笑了笑说："不，我并没有失败，我只是发现了10000多种不能做灯丝的材料。"

爱迪生的话一语中的。失败是一种反馈，在你还没有找到合适的成功方法之前，吸取教训是最重要的。有人曾经把"不幸"比喻为一笔财富。其实，你对待失败也应采取这种态度。当你把教训看作财富，你在失败中会学到许多平时学不到的东西。

美国人戴维·迈利民说："我在事业上犯过很多错误，每一次错误都是一个老师，从自己的错误和别人的错误中吸取教训，那就是精明。"

一家商贸公司的市场部经理，没经过仔细调查研究就批复了一个员工为国外某公司生产3万台空调的报告。等产品生产出来准备报关时，公司才知道那个员工早已被"猎头"公司挖走了，那批货如果一到目的地，就会消失得无影无踪，货款自然也会打水漂。

市场部经理一时想不出补救对策，在办公室里焦躁不安。这时老板走了进来，见他的脸色非常难看，就想问他怎么回事。还没等老板开口，市场部经理坦诚地讲述了一切，并主动认错："这是我的失误，我一定会尽最大努力挽回损失。"

市场部经理的坦诚和敢于承担责任的勇气打动了老板，老板答应了他的请求，并拨出一笔款让他到国外考察一番。经过努力，他联系好了另一家客户。两个月后，这批空调以更高的价格卖了出去。市场部经理的努力得到了回报。

松下幸之助曾说："偶尔犯了错误无可厚非，但从处理错误的方法中，我们可以看清楚一个人。"老板欣赏的是那些承认自己错误，及时改正错误并加以补救的员工。"吃一堑，长一智"不是一句空洞的口号，而是要你在犯了错误后，认真总结经验教训，以免日后工作中再犯相同的错误。每个人都不可避免地在工作中犯这样或那样的错误，但我们可以把握的是，在失败中探究我们所犯的错误，发现实质问题以警醒自我。

反败为胜、超越失败的重要条件，就是要善于从挫折或失败中总结经验教训。我们应当从痛苦的教训中学习如何反败为胜。从普通士兵成长为元帅的莫尔特克说过："我经常以极大的兴趣观察青年们的失败，青年的失败正是成长的标志。他如何看待失败呢？今后他又会怎样做呢？善罢甘休吗？还是更加奋勇前进呢？这些将决定他的生涯。"可以说，积累失败的教训，这正是向成功跨出的重要一步。

"吃一堑，长一智"，吸取教训是非常重要的。但是"吃一堑"不会自动地"长一智"，关键还要看你能否变"教训"为"知识"。成功来自在错误中不断学习。只要你能从错误中吸取教训，便不会重蹈覆辙。

吾日三省吾身，在反省中提升自我

一个人之所以能够不断地进步，就在于他能够不断地自我反省，找到自己的缺点或者做得不好的地方，然后不断地改正和提升，以追求完美的态度去做事，从而取得一个又一个成功。主动反省，问题就能变成我们成长的机遇。无论你正在从事什么工作，或取得了多好的业绩、多大的成就，别忘了时刻提醒自己，要适时进行反省。

有一个年轻人，他从名牌大学毕业，自以为是全才。然而，毕业以后他屡次碰壁，一直找不到理想的工作，他觉得自己怀才不遇，对社会感到非常失望。多次的碰壁经历让他伤心而绝望，感到没有伯乐来赏识他这匹千里马。

有一天，他来到大海边，打算就此结束自己的生命。

在他正要自杀的时候，正好有一位老人从附近走过，看见了他。老人问他为什么要走上绝路，他说自己得不到别人和社会的承认，没有人欣赏并且重用他。

老人从脚下的沙滩上捡起一粒沙子，让年轻人看了看，然后扔在了沙滩上，对年轻人说："请你把我刚才扔在地上的那粒沙子捡起来。"

年轻人说："这根本不可能！"

老人没有说话，从自己的口袋里掏出一颗晶莹剔透的珍珠，也是随便地扔在了沙滩上，然后对年轻人说："你能不能把这颗珍珠捡起来呢？"

"当然可以！"

"你现在应该明白了吧？现在你还不是一颗珍珠，所以你不能苛求别人立即承认你。如果要别人承认，那你就要想办法使自己成为一颗珍珠才行。"年轻人蹙眉低首，一时无语。

反省是一个人不断完善自我的最佳途径，一个人只有不断反省自身的不足，才能够不断进步，才能在工作中取得好业绩。在职场中遇到挫折时，首先应该反省自己。有的时候，你必须知道自己现在只是普通的沙粒，若要自己卓然出众，就要努力使自己成为一颗价值连城的珍珠。

争取每一次进修的机会

许多白领，尤其是年近不惑的白领大多安于眼下的稳定工作，上班来人，下班走人，不思上进。有些职场新人，迫于工作的压力，朝九晚五，忙忙碌碌，无暇再去顾及他事。这两种人其实都是浪费了大好时光，本可以用公司的财力物力充实自己，比如去接受新技术的培训、参加讲座、参加同行会议等。而公司也是肯出这笔费用的，因为这样员工和公司都会受益，这其实是一件两全其美的事。

某公司的女秘书小丽，平时的工作就是整理文件、接听电话，总也没有长进。这时公司要实行电脑化管理，需要派人去进行培训，公司的其他同人都千方百计地想找理由推辞，这时小丽却主动请缨要求去参加学习。不久小丽学成回来，立刻成了这一方面的权威，不再是人人都能支使的小秘书，同时她的履历表上又多了一项新技能，这为她今后另谋高就打下了良好的基础。

短时间辛苦，换来一技傍身，这才是聪明人打的算盘，再加上用的是公司的钱、公司的时间，更是划算得不得了。

某公司要派人去参加同行的年度会议，这一类会议内容枯燥无味、沉闷冗长，使得众员工望而却步、退避三舍，令公司老板伤透了脑筋。这时员工小文主动提出去参加会议，众人都笑他傻到家了。但是小文自己又怎么想呢？他认为这类会议虽沉闷，但正是同行人士的一大聚会，趁这个机会，多结交一些同行，多联络一下感情，这对充实自己的关系网是大有裨益的。

有的老板根本不懂这些情况，也不关心，这时就要你主动去打探哪里有这类会议，把会议的时间、地点、内容搞清楚，然后向上级提出参加会议的要求，以公司的名义接受委派。再有一类情况是老板虽然是内行，但是个吝啬鬼，口水都说干了，还是不肯掏腰包。这时你就要从大局考虑，如果这次会议对你的前途、你的关系网真的那么重要，那就是自己掏腰包也要去，这才叫深谋远虑，才叫有战略眼光。更有一类研讨会是在国外召开，老板考虑到经费，通常是很难批准的。这时自己不妨想开点，向老板声明自出路费，这样出一次国既长了见识，又学到了许多在岗位中学不到的东西，岂不更好。

　　一般的公司会有教育开支和科研开支，只是需要你具有正当的理由加以利用。所以，你要善于利用它，争取进修的机会，学习技能。因为你学到的技能说不定在什么时候就会派上用场，而且你学到的知识不是任何人的，也不是公司的，而是你谋生的本钱。

　　主动争取进修的机会，每一次都会带来不小的收获，既增长见识，又积累了经验。积极学习对工作是有百利而无一害的，能够抓住一切机会提升自己的人，任何一家公司都欢迎。

习惯六

学习高手在学习中敢于有自己独特的见解

——所有学习的终点，都要培养思考能力

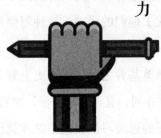

乐于思考，勤能补拙

古人云："学而不思则罔，思而不学则殆。"这句话恰当地讲出了学与思之间的辩证关系。在学习中要不断地思考才能有进步。

伟大的物理学家爱因斯坦说过："学会独立思考和独立判断比获得知识更重要。不下决心培养思考习惯的人，便失去了生活的最大乐趣。"思考好比播种，行动好比果实，播种愈勤，收获也愈丰。不会思考的人就会一无所获，善于思考的人才会享受到丰收的喜悦。不断地给自己提出问题，反复地思考问题，独立地解决问题，无疑将使自己接近成功的殿堂。

许多科学家一生为人类作出了杰出的贡献，他们成绩的取得与他们爱思考的习惯是分不开的。无论什么事他们都要问个为什么，正是这种爱钻研的习惯才成就了他们的成功。这种习惯是要从小的时候开始培养的。

德国数学家高斯，是近代数学奠基者之一，在历史上颇有影响，可以和阿基米德、牛顿、欧拉并列，有"数学王子"之称。

高斯非常善于思考，这种良好的思维习惯在他小时候就已经表现出来了。

高斯 10 岁时，有一次他的数学老师让他们全班解答一道习题："计算出 1+2+3+4+…+100 ＝？"这个题目在今天早已家喻户晓，可是在那个时候、那个场合，对于一群小学生来说，还真不容易。要算出这么长的算术题耗时不少，孩子们都想争取第一个算出来，立刻在草稿纸上做了起来。

只有高斯没有开始动手，不是想偷懒，也不是发呆，他在想，难道一定得经过这么复杂的计算过程吗？从客观上说，他在进行思维的谋划，谋划的目的是要寻找一种能够成倍提高计算效率的策略，这个过程花去了相当于其他同学进行加法计算的 1 / 2 的时间。这时候，老师看见了他，走上前来问他怎么了，为何还不开始计算。高斯说他已经知道答案了，是 5050。老师十分诧异，问他是否提前做过这道题。于是高斯告诉老师，他是这样考虑的：1 加 100 等于 101，2 加 99 等于 101……这样的等式一共有 50 个，因此这道题可以化简为"$101 \times 50 = 5050$"。

"真是太精彩了！"老师赞扬地说。

这种"精彩"并不取决于我们每个人的智力水平。事实上，它应该取决于我们良好的思维习惯，使智力的潜在能力得到充分发挥。认真的思考虽然为解决问题的过程增加了一个环节，却使解决问题的时间缩短了很多，大大提高了学习的效率。高斯进行思维的谋划虽然花去了相当于别人解题所耗时间的一半，然而计算出"$101 \times 50 ＝？$"只需要 1 秒钟。

在学习中，除去思考，还有一个很重要的条件就是勤奋。

"书山有路勤为径，学海无涯苦作舟。"学习要靠勤奋，才可能有所成就。至于那些智商一般的人，则更需要以勤补拙，所谓"笨鸟先飞"讲的就是这个道理。早动手、勤动手，将自己的先天不足用勤补回来。

勤奋使王羲之成为著名的书法家，勤奋使王献之练习书法用完18缸水，最终，父子二人都成为历史上的书法大家。

业精于勤而荒于嬉，成大事者必须勤于向学，因为勤能补拙，这样才能提高一个人的知识积累能力。

魏晋时的学者皇甫谧，不求高官厚禄，毕生精思苦学，竟至废寝忘食，终于学业有成，著述繁富，成为一代经学大师和医学专家。正是："业精于勤，荒于嬉；行成于思，毁于随。"

他的一生著述有《礼乐》《圣真》《帝王世纪》《玄晏春秋》《年历》《高士》《列女》《逸士》《论寒食散方》《针灸甲乙经》等。其中《针灸甲乙经》是中国医学史上第一部针灸学专著，成为后世学习针灸必读的经典，在国内外均有深远影响。

但一般人可能不知道，皇甫谧在年轻时却是一个十足的小混混。他出生后就过继给叔父为子，从小游手好闲，不肯读书。有的人甚至以为他可能是个呆傻人。

一天，皇甫谧得到了一些瓜果，就高高兴兴地拿回家，孝敬他的叔母任氏。

任氏却不为他孝敬的瓜果高兴，看到他成天玩耍、不思进取的样子，不由得叹了口长气，说："你拿这些瓜果给我，难道就是孝顺吗？《孝经》上说：'虽然每天用牛、羊、猪三牲来奉养父母，仍然是个不孝之子。'何况这些瓜果呢？你现在快 20 岁了，却不曾看过什么书，不曾明了什么道理，你将来能干些什么事呢？又有什么可安慰我的呢？"

说到这儿，任氏想起皇甫谧将来的前途不知道怎么样，泪如泉涌。她一边抽泣，一边接着说："从前，孟子的母亲三次迁居，终于使孟子成为仁德之人；曾子的父亲为信守诺言而杀猪，留下了教育子女的榜样。难道是我没有像孟母那样选择好邻居、没有像曾父那样运用良好的教育方法吗？你怎么会愚蠢、鲁莽到这等地步呢？唉，教你修身立德，勤奋好学，是为了你好，你自己可以有所得，对我又有什么用呢！"说完这番话，任氏更加伤心，对着皇甫谧涕泪不止。

叔母的话深深地刺激了他原先麻木不仁的头脑，想想自己已经是个 20 岁的男子汉了，应该有所作为了，而现在却什么都不懂，皇甫谧实在羞愧。看着叔母的泪脸，他暗下决心：再也不能浪荡下去了，一定要勤奋学习，做个有修养的人。

皇甫谧家里很穷，没有钱到京城求学，同乡有个名叫席坦的学者，皇甫谧就拜他为师，在席坦的指点下勤学不倦。他总是带着经书到田里，干活累了在田头休息的时候，便拿出书来诵读。

经过几年的学习，皇甫谧博览了国家的重要文献和诸子百家学说，性格变得沉静好思，有了崇高的志向。他觉得书籍能给人以知识，教给人道理，流传后世，造福子孙，所以决定以写作作为自己一生的事业。

功夫不负有心人。不久，皇甫谧写出了《礼乐》《圣真》等著作。甘露年间（256～260年），他不幸得了风痹症，行动不便，却仍然不间断地阅读和写作。疾病的痛苦，又促使他发愤学习医书，习览经方，采集和整理古代的医学文献资料，并且写出了《针灸甲乙经》等医学著作。

勤奋使皇甫谧学到了知识，取得了成就。如果他没有听取叔母的教诲，仍是一意孤行、游荡玩乐而不务正业，也就不会有一代医学家皇甫谧，更不会有《针灸甲乙经》流传于世了。

青年时期，正是学习的大好时机，你们有充裕的时间和饱满的精神，可以安心地坐在舒适的教室里读书。若干年以后，你们会怀念这一段时光，不论你现在感到快乐与否。

珍惜你的学习机会，勤奋努力，认真思考，成功离你又近了一步。

思考孕育力量

提起思考，有人总是说："思考？那是科学家、发明家和伟人的专利，我们可没有机会。"甚至有人说："现在工作太忙，我哪有多余的时间和精力去思考。"

事实真的如此吗？当然不是。思考并不是科学家、发明家和伟人的专利，像你我这样的普通人同样有思考的权利，因为脑子是自己的，思考之权应该掌握在自己手里。毕竟，我们的一切活动，包括人际交往、对目标追求的手段和方式以及对更高层次生活的向往，等等，都是由思考决定的。

所以，从成功这个意义上说，人的成就首先是"想"出来的，是在正确思考后，采取行动做出来的。

思考是大脑的活动，人的一切行为都受它的指导和支配。思考虽然看不见、摸不到，但它真实地存在着。有什么样的思考方式，就会有什么样的命运。

如果你的思考和自信、成功、乐观联系在一起，那么你会有一个圆满的人生；如果你总是想到自卑、失败、忧愁，总是小心翼翼、蹑手蹑脚，那么你的命运也不会好到哪里去。

成功人士为什么会成功？说到底是因为他们具有独特的思考技巧，是思考决定了他们的成功。

多问几个为什么，就多几分把握

美籍华人李政道教授一次在同中国科技大学少年班学生座谈时指出："为什么在理论物理领域做出贡献的大都是年轻人呢？就是因为他们敢于怀疑，敢问。"他还强调说："一定要从小就培养学生的好奇心，要敢于提出问题。"

爱因斯坦说:"提出一个问题比解决一个问题更重要。"能否提出独特的问题对一个人的创造能力而言是非常重要的。一个人善于动脑和思考,就会不断发现问题。学会提问更是学习积极主动的表现,有疑而问,由问而思,有利于培养创新精神和创造能力;相反,如果提不出问题,说明你的学习过程还不够深入,对自身能力的培养还不到位。

古人云:"学贵有疑""学则须疑"。提问是获取知识的重要途径,要学会提问,就需经历一个从敢问到善问的过程。我们应多参与社会实践活动,丰富自己的知识,与他人多交流、相处,提高自己的胆量,敢于在众人面前表现自己。

养成善于自我提问的习惯,能提出有价值的问题,是用心思考的结果,是解决问题的前提。从某种意义上说,学习的过程是一个不断提出问题、不断解决问题的过程。养成"非思不问"的习惯,在深入思考的基础上提出问题,这样的问题才会是高质量的。而在你多提问的过程中,你也就多了几分把握,多了几成成功的胜算。

推翻权威,走出思维定式

世上最可悲的人,是处处都依赖别人的人。成功人士都知道,做每一件事都要学会有主见,有自己独立的人格,靠天靠地不如靠自己。如果不打开自己的心，走出思维定式，就不会成为一个明白的人。所以，只有推翻权威，不依赖经验，成功的机会才会更多。

有人群的地方总会有权威，人们对权威普遍怀有尊崇之情，本来无可厚非，然而对权威的尊崇到了盲从的程度，就会成为一种思维的枷锁。

打破权威枷锁，先要了解它是如何戴上的。

人们从很小的时候就已亲身体验到：服从权威能够从中得到好处，抗拒权威就要吃苦头，就像下面这个例子。

一位老师上课时告诉学生们，硫酸是有腐蚀性的，它能够除掉铁锈，恢复铁器光亮的表面。但是，如果不小心把硫酸滴到衣服上，就会烧出一个洞。

一个小朋友听了老师的话，用硫酸擦了一只生锈的铁锅，果然擦得锃亮，得到妈妈的夸奖，于是他说："老师真是了不起，听他的话，我尝到了甜头！"

另一位小朋友也听了老师的话，故意把硫酸滴到自己的衣服上，结果衣服上烧了一个洞，挨了老爸一顿训。于是她想："老师真是了不起，不听他的话，我吃了苦头！"

于是，一个权威枷锁就这样戴上了。

第二个权威枷锁是由于自身对某方面知识的缺陷所形成的。一个人一生中通常只能在一个或少数几个专业领域内拥有精深的知识，在专业领域之外，为了弥补自己的无知，以应不时之需，只好求助于各领域的专家。在大多数情况下，人们按照专家的意见办事，总能得到预想的成功；如果不慎违反了专家的意见，总会招致或大或小的失败。久而久之，第二个权威枷锁也戴上了。

不敢突破权威的束缚，也就丧失了创新思考的能力。敢于推翻权威，本身就是一种胆识、一种创新。

亚里士多德认为自由下落的物体重量越大，下落速度越快，重量越小则下落速度越慢，伽利略对这位权威的理论提出质疑，他设计了一个巧妙的实验，便把流传1000多年的权威理论推翻了。

尊重权威这很正常，假如一味地跟随权威，就不正常了。所有的事都由权威决定了，自己的脑袋还能干什么？

如果你有迷信权威的习惯，奉劝你把它从你的思想中拉出去，一棍子打死，省得它占据你的思想。

习以为常、耳熟能详、理所当然的事物充斥着我们的生活，使我们逐渐失去了对事物的热情和新鲜感。经验成了我们判断事物的唯一标准，存在的当然变成合理的。随着知识的积累、经验的丰富，我们变得越来越循规蹈矩，越来越老成持重，于是创造力丧失了！于是想象力萎缩了！思维定式已经成为人类超越自我的一大障碍。

所以，推翻权威理论，走出思维定式，换一个角度来思考，往往会柳暗花明，给我们带来惊喜。

由此可见，权威理论也只是在一定时期、一定场合才适用，它不是万能的，只有敢于打破常规，才能发现新的契机，而这个契机正好可以成就你。

所以，遇事要多问几个"为什么"，多提几个"怎么办"，从事实出发，从需要出发，去思考问题、探索问题，寻找新的方法、新的答案、新的结论。

从幕后走出，不做他人思想的附庸

人生好比一张白纸，你可以在白纸上用不同的色彩描画你未来的蓝图。但是，如果你漫无目的地画，你手中的画笔就会被剥夺，让别人替你画画。

一个人如果总感觉自己不如别人，尽管他实际上可能是有能力的，但他的表现也确实不如别人，因为思想主宰行动。一个人心里是怎么想的，他的行为就会反映出来，没有任何伪装能够把这种感觉长期遮盖起来。

也就是说，一个人如果觉得自己没有独立做事的能力，不可能超越其他的人，那么他就真的不会独立，只能跟在别人的身后。

再重复一遍这个逻辑：你如何思维决定你如何行动，你如何行动将决定你获得的东西。

这个逻辑正是我们不厌其烦地强调思维与勇气的重要性的原

因，"没有做不到的，只有想不到的"，敢想、会想，你才有可能成功。

如果在此之前胆怯心理阻碍了你超越他人，那么现在只需改变一下自身的思考方法，大胆地从幕后走出，做你想做的事。

我们每个人都有愿望，我们都想有朝一日成为什么样的人物，但事实上，大多数人都因为没有勇气而违背了它，他们常用下面的借口扼杀自己的愿望。

（1）"我做不到""我缺乏头脑""这是不可能的"，这种消极的自我降低是导致他们永远站在别人身后的罪魁祸首。

（2）"我对现在的状况很满足"，这些安于现状的想法扼杀了他们真正的愿望。

（3）"能干的人太多，根本不会有我的份儿"，害怕竞争令他们不敢多想。

（4）"这不是我真正想要的，而是父母让我做这个，我不得不做"；"有了家，没法再变动了"。这一类的托词让他们相信自己不该再有梦想。

让自己仅仅是跟在别人身后的理由真是太多了，但是如果没有敢于突破的勇气，不做自己想做的事，只会成为平庸者。而敢想就会有欲望，欲望一旦合理利用就是力量。

保罗·盖蒂在取得成功前有过3次失误。第一次是在保罗·盖蒂年轻的时候，他买下了一块他认为相当不错的地皮，他根据自己多年的经验判断，这块地皮下面会有相当丰富的石油。

他请来一位地质学家，对这块地进行考察。专家考察后却说："这块地不会产出一滴石油，还是卖掉为好。"盖蒂听信了地质专家的话，将地卖掉了。然而没过多久，那块地上开出了高产量的油井，原来盖蒂卖掉的是一块石油高产区。

保罗·盖蒂的第二次失误是在 1931 年。由于受到大萧条的影响，美国的经济很不景气，股市狂跌。盖蒂认为美国的经济基础是好的，随着经济的恢复，股票价格一定会大幅上升。于是他买下了墨西哥石油公司价值数百万美元的股票。

随后的几天，股市继续下跌，盖蒂认为股市已跌至极限，用不了多久便会出现反弹。然而他的同事们却竭力劝说盖蒂将手里的股票抛出，这些被大萧条弄怕了的人们的好心劝说，终于使盖蒂动摇了，最终将股票全数抛出。可是后来的事实证明，盖蒂先前的判断才是正确的。

保罗·盖蒂最大的一次失误是在 1932 年。他认识到中东原油具有巨大的潜力，于是派出代表前往伊拉克首都巴格达进行谈判，以取得在伊拉克的石油开采权。和伊拉克政府谈判的结果是，他们获取了一块很有前景的地皮的开采权，价格只有几十万美元。然而正在此时，世界市场上的原油价格产生了波动，人们对石油业的前景产生了怀疑，普遍的观点是，这个时候在中东投资是不明智的。盖蒂再一次推翻了自己的判断，令手下终止在伊拉克的谈判。

1949 年盖蒂再次进军中东时，情况和以先已经大不相同，他花了 1000 多万美元才取得了一块地皮的开采权。

保罗·盖蒂的 3 次失误，使他白白损失了一笔又一笔的财富。他总结自己这些年的失败说："一个杰出的商人应该坚信自己的判断，不要迷信权威，也不要见风使舵。在大事上要有自己的主见，以正确的思维方法战胜一切！"

在以后的岁月中，保罗·盖蒂坚持己见，屡战屡胜，最终成为全美的首富。如果你总躲在别人的背后，那么你只能一辈子碌碌无为。

你的朋友虽不是有意如此，却经常会透过"意见"或有时候用故作幽默状的嘲弄阻碍你走向成功。有成千上万的人一生无所作为，就是因为有一些善意但无知的人，通过"意见"或嘲弄，毁了他们的信心。杰出人士的突出特点就是善于独立思考。

大可不必把自己的命运交给别人来决定，要学会独立思考，要想成功必须把思考的权力掌握在自己手里。

和自己的父母商量自己的终身大事固然有必要，但是过分依赖他们，就会失去自我。

天上下雨地下滑，自己跌倒自己爬。不论是思考做事还是为人处世，需要的是自助自立的精神，而不是来自他人的影响力，也不能依赖他人。爱默生说，坐在舒适软垫上的人容易睡去。依靠他人，觉得总会有人为我们做任何事，所以不必努力，这种想法就像高纯度海洛因，会使你在不知不觉中上瘾，最后自我毁灭。

所以我们要努力掌握自己的思维，做自己真正的主宰。

"要想成为真正的'人'，必须先是个不盲从因袭的人。你心灵的完整性是不可侵犯的……当我放弃自己的立场，而想用别人的观点去思考的时候，错误便造成了……"这是爱默生所讲的名言。这对强调由别人的观点来思考的人来说，无疑是一大震撼。也许，我们可以把爱默生的话做如下解释："要尽可能由他人的观点来看事情，但不可因此而失去自己的观点。"假如独立思考能带给你什么好处的话，那便是发现自己的信念及实现这些信念的勇气。

正确思考 9 步走

约翰博士是美国的大教育家、哲学家、心理学家、科学家和发明家，他一生中在各种艺术和科学上做出了许多发明，有许多发现。约翰博士的个人生活体现了锻炼脑力和体力的方法可以培养健康的身体，并促进心智的灵活。

拿破仑·希尔曾带着介绍信前往约翰博士的实验室去见他。当希尔到达时，约翰博士的秘书告诉他说："很抱歉……这时候我不能打扰约翰博士。"

"要过多久才能见到他呢？"希尔问。

"我不知道，恐怕要 3 个小时。"她回答。

"请你告诉我为什么不能打扰他,好吗?"

她迟疑了一下然后说:"他正在静坐冥想。"

希尔忍不住笑了:"那是什么意思啊——静坐冥想?"

她笑了一下说:"最好还是请约翰博士自己来解释吧。我真的不知道要多久,如果你愿意等,我们很欢迎;如果你想以后再来,我可以留意,看看能不能帮你约一个时间。"

希尔决定要等,这个决定真值得。下面是希尔所说的经过情形:"当约翰博士终于走进房间里时,他的秘书给我们介绍,我开玩笑地把他秘书所说的话告诉他,他在看过介绍信后高兴地说:'你想不想看看我静坐冥想的地方,并且了解我是怎么做的吗?'于是他领我到了一个隔音的房间里,这个房间里的家具只有一张简朴的桌子和一把椅子,桌子上放着几本白纸簿、几支铅笔以及一个可以开关电灯的按钮。

"在我们谈话中,约翰博士说他遇到困难而百思不解时,就走到这个房间来,关上房门坐下,熄灭灯光,让自己进入深沉的集中状态。他就这样运用'集中注意力'的方法,要求自己的潜意识给他一个解答,不论什么都可以。有时候,灵感似乎迟迟不来;有时候似乎一下子就涌进他的脑海;更有些时候,至少得花上2小时那么长的时间才出现。等到念头开始澄明清晰起来,他立即开灯把它记下。"

约翰博士曾经把别的发明家努力过却没有成功的发明重新研究,使它尽善尽美,因而获得了200多种专利权。他就是能够加上那些欠缺的部分——另外的一点东西。

约翰博士特别安排时间来集中心神思索寻找另外一点。他很清楚自己要什么，并立即采取行动，因而他获得了成功。

由此看来，正确的思考方法具有巨大的威力。那么正确的思考步骤如何走呢？

（1）明白你想要做什么？翻开你的思考成功笔记，将你喜欢或你做得很好的事情列成一个清单。把什么事情都记下来——蠢事、新鲜事和你感兴趣的事。

检视一下你的清单，并想想你要如何成功。让思想飞舞，写下你所有的想法，甚至看起来好像疯狂或不切合实际的想法。酝酿了好多天的想法常常由于没有记下来而无法实现。

（2）别束缚你的思考。你心中有什么想法？这些或许是不可能的、愚蠢的或好笑的，但把它们记下来，过段时间再拿出来看，你说不定会找到"金矿"。

（3）对新奇事物保持接受的胸襟，然后进一步探究。这项新产品或意见会引发什么新想法？它的用途及前景如何？而我们可能要创造什么样的前景？

（4）走进别人的创造天地，真心协助他人。找出他们特殊、非比寻常的能力，并助其开花结果。你可以替他们规划产品和开发市场。

（5）抓住机会。最佳时机常常稍纵即逝，你应提高警觉！例如，E-mail 的前景很看好，有什么新点子是你所能想到的，能够让 E-mail 与市场有所结合？国外有家快餐店就想了一个好主意：他们让上班族将午餐订单发 E-mail 到店里点餐。餐厅则利用 E-mail，将午餐菜单与特别餐菜单发到当地企业的邮箱里。现在这些功能也即将对家庭这个市场开放，你最好赶紧在 E-mail 世界击败你之前，找出能在家中运用 E-mail 的方法，并快速占领这个用途的市场。

（6）把别人的需求找出来。将这些可以满足他人需求的事情写下来！以你所熟悉的事物为主题来写部书，或是从你"喜欢做的事"的清单上挑选个主题。

其他人或许可以从你的知识里获得好处，去满足一个需求——将你专业领域里的那道信息鸿沟填满。

（7）多点服务。许多旧式的服务已经消逝了，这个领域空了下来，而它正等待一个聪明的经营者来占领。不要只是想着提供新式的服务项目，而要将旧的、有必要的再找回来。你想要有什么样的服务项目？着手去做吧！

（8）付出大于所得，这是成功最大的秘诀。假如你是那种扬言收一分钱便只做一分事的人，那你一辈子都是薪水的奴隶。

（9）你还在犹豫什么？马上行动吧！不要用一些"我没有足够的钱""我了解得不够""还没做好准备"等借口来拖延。一旦想法出现，就顺着去做，只有这样才能收获报酬。

走出囚禁思维的栅栏

有时，我们固有的思维就是囚禁自己的"栅栏"，要还创造力以自由，首先要做的便是突破常规思维。

世界上没有两片完全相同的树叶，同样，世界上也没有两个完全相同的人。每个人自身的独特性，造成其别具一格的思维方式，每个人都可以走出一条与众不同的发展道路来。但保持个性的同时，也应追求突破创新，否则，你将陷入自身的思路的"圈套"当中。

每个人都会有"自身携带的栅栏"，若能及时地从中走出来，实在是一种可贵的警悟。独一无二的创新精神，勇于进取，绝不自损、自贬，在学习生活中勇于独立思考，在日常生活中善于注入创意，在职业生活中精于自主创新，正是能够从自我囚禁的"栅栏"里走出来的鲜明标志。形成创造力自囚的"栅栏"，通常有其内在的原因，是思维的知觉性障碍、判断力障碍以及常规思维的惯性障碍所导致的。知觉是接收信息的通道，知觉的领域狭窄，通道自然受阻，创造力也就无从激发。这条通道要保持通畅，才能使信息流丰盈、多样，使新信息、新知识的获得成为可能，使得信息检索能力得到锻炼，不断增长其敏锐的接收能力、详略适度的筛选能力和信息精化的提炼能力，这是形成创新心态的重要前提。判断性障碍大多产生于心理偏见和观念偏离。要使判断恢复客观，首先需要矫正心理视觉，使之采取开放的态度，注意事物自身的特性而不囿于固有的见解或观念。这在新事物迅猛增加、新知识快速增值的当今时代，尤其值得重视。

要从自囚的"栅栏"走出来，还创造力以自由，首先就要还思维状态以自由，突破常规思维。在此基础上，对日常生活保持开放的、积极的心态，对创新世界的人与事，持平视的、平等的姿态，对创造活动，持成败皆为收获、过程才最重要的精神状态，这样，我们将有望形成十分有利于创新生涯的心理品质，并且及时克服内在的消极因素。

成功的人往往是一些不那么"安分守己"的人，他们绝对不会因取得一些小小的成绩而沾沾自喜，获得一点小成功就停下继续前行的脚步。因此，只有突破旧我，才能获得又一次的蜕变，人生才会呈现更好的局面。

一位雕塑家有一个 12 岁的儿子。儿子要爸爸给他做几件玩具，雕塑家只是慈祥地笑笑，说："你自己不能动手试试吗？"

为了制好自己的玩具，孩子开始注意父亲的工作，常常站在大台边观看父亲运用各种工具，然后模仿着运用于玩具制作。父亲也从来不向他讲解什么，放任自流。

一年后，孩子初步掌握了一些制作方法，玩具造得颇像样子。这样，父亲偶尔会指点一二。但孩子脾气倔，从来不将父亲的话当回事，我行我素，自得其乐。父亲也不生气。

又一年，孩子的技艺显著提高，可以随心所欲地摆弄出各种人和动物形状。孩子常常将自己的"杰作"展示给别人看，引来诸多夸赞。但雕塑家总是淡淡地笑，并不在乎。

有一天，孩子存放在工作室的玩具全部不翼而飞，父亲说："昨夜可能有小偷来过。"孩子没办法，只得重新制作。

半年后，工作室再次被盗。又半年，工作室又失窃了。孩子有些怀疑是父亲在捣鬼：为什么从不见父亲为失窃而吃惊、防范呢？

一天夜晚，儿子夜里没睡着，见工作室的灯亮着，便溜到窗边窥视，只见父亲背着手，在雕塑作品前踱步、观看。好一会儿，父亲仿佛做出某种决定，一转身，拾起斧子，将自己大部分作品打得稀巴烂！接着，父亲将这些碎土块堆到一起，放上水重新混合成泥巴。孩子疑惑地站在窗外。这时，他又看见父亲走到他的那批小玩具前！父亲拿起每件玩具端详片刻，然后，将儿子所有的自制玩具扔到泥堆里搅和起来！当父亲回头的时候，儿子已站在他身后，瞪着愤怒的眼睛。父亲有些羞愧，吞吞吐吐道："我，是，哦，是因为，只有砸烂较差的，我们才能创造更好的。"

10年之后，父亲和儿子的作品多次同获国内外大奖。

父亲不愧是位雕塑家，他不但深谙雕塑艺术品的精髓，更懂得如何雕塑儿子的"灵魂"。每一个渴望成功的人都必须谨记：只有不断突破自我，超越以往，你才能开创出更美好、更辉煌的人生来。

甩掉"金科玉律"的束缚

很多所谓的金科玉律，只是些陈见和偏见罢了。谁信奉它，谁就会受制于它。

我们从小就会被教导不能做这，不能做那，久而久之就形成了一种固定的观念。这些观念成为我们行走社会的"金科玉律"，它们让我们少受挫折的同时，也常常阻碍着我们去开拓新的人生格局。这些观念禁锢着我们的大脑，侵蚀着我们的潜能。因此，要改变命运，我们就得先从改变观念开始。

大家都记得这句金科玉律："想要别人怎样对待你，就先怎样对待别人。"这可能是一句大家从小就学到，且会拿来教导孩子的至理名言。

遗憾的是，若把这句名言应用到组织问题上，问题可就大了。

这句金科玉律的假定是，你喜欢的对待方式会跟其他人喜欢的对待方式一样。这就是"先怎样对待别人"的立论。把这种观点应用在解决组织问题时，就等于在协调冲突、决策和搜集信息上，你会跟大家的看法一致。

很多人把这句名言当成个人生活的策略。我们也这样处理周遭发生的事。但把这句名言当成策略，很可能会陷入本位主义的泥潭。因为这句名言假定，自己的看法就是他人的看法。因此，自己所想的，就是适当、正确的。如果你就是在这种金科玉律教导下长大的，难免会养成这种思考逻辑。不过，如果你以不同的观点思考，就能开启许多前所未有的成功之门。

我们被自己对世界的偏见所蒙蔽，看不到个人见解的可笑和荒谬。这种狭隘的观念，直接影响了我们在处理变革引发的差异时，采取的决策和行动。

如果你认为所有看待事情的观点是绝不相同的，那在处理变革差异的冲突及协商决策时，会相当危险。尤其在一意孤行地盲从自己的观点，不考虑他人时，情况便会更危险。

要真正有效处理变革所引起的差异，就得具备求同存异的能力，适时从别人的观点和立场来看事情。要这么做就必须把先前的金科玉律改变一下，换成新版的："以别人想被对待的方式对待他们。"其实，只要观念上稍微调整一下，变革的成效就会有天壤之别。

在我们生活的世界中，存在着各种各样的"应该""必须"等条条框框，它们编织了一个很大的误区，将现实生活中的人们网罗其中，而我们很多人往往习以为常、不假思索地照"章"行事。

我们每个人都生活在一个社会群体中，因此，我们不可能是一个完全孤立的个体，我们的思想和行为可能时时受到世俗的束缚与制约。对于这些规则和方针，你也许不以为然，但同时又无法摆脱束缚，无法确定自己应该遵循哪些适用的规则和方针。

任何事物都不是绝对的。任何规则或法律都不能保证在各种场合均能适用，或取得最佳效果。相比之下，具体情况具体分析的原则应成为我们生活和行事的准则。然而，你可能会发现，违反一条不适用的规定或打破一种荒谬的传统却很困难，甚至不可能。顺应社会潮流有时的确不失为一种生存的手段，然而如果走向极端，这也会成为一种神经过敏症。在某些情况下，按条条框框办事甚至会使你情绪低落、忧心忡忡。

林肯曾经说过："我从来不为自己确定永远适用的政策。我只是在每一具体时刻争取做最合乎情理的事情。"他没有使自己成为某项具体政策的奴隶，即使对于普遍性政策，他也并不强求在各种情况下都加以实施。

如果一种规定或规矩妨碍着人们的精神健康，阻碍着人们去积极生活，那它就是不健康的。如果你知道这种规矩是消极而令人讨厌的，而你又一直遵守它，那你就陷入了人生的一种误区——你放弃了自我选择的自由，让外界因素控制了自己。生活中有两种类型的人，即外界控制型与内在控制型。认真分析一下自己属于哪种类型，这将有助于你进一步审视自己生活中的大量误区性的条条框框。

杰克是一位公司员工，他经常与妻子在家争吵，以致产生婚姻危机。后来，他找到一位心理咨询专家，听了杰克的诉说后，专家给他提出了一条建议："不要总是试图向你妻子表明她错了，你不妨只同她讨论而不去辩明谁对谁错。只要你不再强求她接受你的意见，你也就不必自寻烦恼，不必为证实自己是正确的而无休止地争吵了。"后来，杰克试着做了，果然很奏效。一旦遇到相反的观点和看法，他不再与妻子争论不休，要么与之讨论，要么回避不谈。一段时间以后，夫妻关系明显得到了改善。

其实，各种是非观念都代表着一种"应该"框框。这些条条框框会妨碍你，当你的条条框框与他人发生冲突时，尤其如此。在我们的生活中不乏一些优柔寡断之人，他们无论大事还是小事都难以做出决定。究其原因，人们之所以优柔寡断，因为他们总希望做出正确的选择，他们以为通过推迟选择便可以避免犯错误，从而避免忧虑。有一位患者去求助心理医生，当医生问他是否很难做出决定时，他回答道："嗯……这很难说。"

你或许觉得自己在很多事情上也难以做出决定，甚至在小事上也是如此。这是习惯于以是非标准衡量事物的直接后果。如果当你要做出某些决定时，能抛开一些僵化的是非观念，而不顾忌什么是是非非，你将轻而易举地做出自己的决定。如果你在报考大学时竭力要做出正确的选择，则很可能会不知所措，即使做出决定后，也还会担心自己的选择可能是错误的。因此，你可以这样改变自己的思维方法："所谓最好、最合适的大学是不存在的，每一所大学都有其利与弊。"这种选择谈不上对与错，仅仅是各有不同而已。

衡量是否更适合生活的标准并不在于能否做出正确的选择。你在做出选择之后，控制情感的能力则更为明确地反映出自我抑制能力，因为一种所谓正确的标准包含着我们前面谈到的"条条框框"，而你应当努力打破这些条条框框。这里提出的新的思维方法将在两个方面对你有所帮助：一方面，你将完全摆脱那些毫无意义的"应该"标准；另一方面，在消除了是非观念误区之后，你便能够更加果断地做出各种决定。

生活是不断变化的，观念也要不断地更新。无数的事实告诉我们，成功的喜悦总是属于那些思路常新、不落俗套的人。因此，想别人所不敢想，做别人所不敢做，往往会为我们创造出意想不到的机遇。

习惯七

○

学习高手用持续学习
赢得稳定成长

——终身学习，才能构建长效学习力

知识是登上成功顶峰的基石

在这个世界经济形势日新月异的时代，知识越发显得重要，通过终身学习来获取知识成为人们讨论得越来越多的话题。

不管你承认与否，在知识经济时代，"知识分子"注定要扮演各行各业的"主角"。他们把握时代脉搏，领导时代潮流，站在时代前列，渊博的知识、丰富的经验和超凡的能力是他们获取成功的资本。

英国唯物主义哲学家弗朗西斯·培根在《新工具》一书中提出了"知识就是力量"的著名论断，他写道："任何人有了科学知识，才可能驾驭自然、改造自然，没有知识是不可能有所作为的。"

随着社会的发展，知识的作用愈加重要，特别是知识经济已经来临的今天，可以说，知识不仅是力量，而且是最核心的力量，是终极力量。

对此，李嘉诚先生曾深有体会地说过，在知识经济的时代里，如果你有资金，但是缺乏知识，没有新的信息，无论何种行业，你越拼搏，失败的可能性越大；但是你有知识、没有资金的话，小小的付出都能够有回报，并且很可能获得成功。

所以说，人没有钱财不算贫穷，没有学问才是真正的贫穷。因为钱财的价值有限，而知识的价值无限。

有了知识积累，命运便会为你开启一扇幸运之门，使你一步步走向成功。

当年，华罗庚虽然辍学，但凭借对数学的热爱，他一直没有放弃学习，积累了许多数学知识，这为他以后的发展和成功打下了坚实的基础。

一次，华罗庚在一本名叫《学艺》的杂志上读到一篇《代数的五次方程式之解法》的文章，惊讶得差点叫出声来："这篇文章写错了！"于是，这个只有初中文化程度的19岁青年，居然写出了批评大学教授的文章:《苏家驹之代数的五次方程式解法不能成立之理由》，投寄给上海《科学》杂志。

华罗庚的论文发表后，引起了清华大学数学系主任熊庆来教授的注意。这位数学前辈以他敏锐的洞察力和准确的判断力认为:华罗庚将是中国数学领域的一颗希望之星！

当得知华罗庚竟是小镇上一名失学青年时，熊庆来教授大为震惊！熊庆来教授爱才心切，想方设法把华罗庚调到了清华大学当助理员。进入这所蜚声海内外的高等学府，华罗庚如鱼得水。他一边工作，一边学习、旁听，熊庆来教授还亲自指导他学习数学。

命运再一次对这位努力不懈怠者展现了应有的青睐。到清华大学后的 4 年中，华罗庚接连发表了十几篇论文，自学了英文、德文、法文，最后被清华大学破格提升为讲师、教授。

华罗庚的事例说明了，获取知识最直接、最有效的途径就是学习。学习，是明天最富革命性、创造性的生产力。21 世纪的最大能量来自学习，最大竞争也在于学习。学习已经越来越具有主动创造、超前领导、生产财富和社会整合的功能。面对信息的裂变、知识的浪潮，"终身学习"是每个现代人生存和发展的基础。

终身学习，即离开学校以后靠自己的努力继续学习。这对自学能力提出了挑战。"未来的文盲将不是那些不会阅读的人，而是没有学会怎样学习的人。"这绝非危言耸听之语。"自行学习、自我教育、自己管理自己"，这是现代人汲取知识的重要渠道，也是终身教育的重要形式。

自学能力的核心是想象力、创造力。这是一种能改天换地、塑造全新的自我的伟力。培养和训练创新的能力，要从青少年时代起步，养成质疑多思的习惯。在接受教育（包括课堂教学）时，不能只是个带着耳朵的听众，而要开动大脑这台机器，打破常规地思考、讨论、比较、鉴别，要积极主动地参与教学过程，开掘创新思路。平时，在独立治学时，也要经常问几个为什么，启发自己思考和探索问题的积极性。

生命的根本保证是学习

"读书而不思考，等于吃饭而不消化。"这句话告诉我们学习的本质就是培养人的能力，只有通过学习，掌握了这些能力，才能让我们的生存更加有保证。古人云："授之以鱼，仅供一饭之需；授之以渔，则终身受用无穷。"在学习中探索生存的技能，在生存中体会学习的奥秘，人生才会越来越有意义。

穷人的孩子早当家，小王冕七八岁的时候，就已经能帮家里做事了。父母安排他每天牵着牛出门去放牧。

有一天，小王冕跟往日一样出门去放牛。可是一直等到太阳落山，妈妈做的饭菜都凉了，也没见王冕回家。又过了一会儿，牛独自从院门外回来了，自个儿在院子里转了一圈，然后慢悠悠地钻进了牛圈，但放牛的王冕没有一起回来。

父母非常担心，想要出去寻找，就在这时，王冕气喘吁吁地从外面跑了回来，他先到牛圈一看，发现牛已经回来了，这才松了一口气。父亲把他叫到面前，询问他回来晚的原因，王冕低下头，内疚地解释说："是我听书忘记时间了。"

原来，王冕放牛路过村里的那个学堂时，听见从里面传出琅琅的读书声，一下子就被吸引住了，特别羡慕，他把牛拴在野地里让它吃草，自己则悄悄地溜进学堂，听学生们读书，听一句，记一句，非常入迷，不知不觉，太阳已经下山了。

当他跑到草地去找牛，发现牛已挣断绳子，不知跑到什么地方去了。幸亏路走熟了，牛顺着回家的路，自己回到圈里了。虽然牛安全地回家了，可王冕挨一顿打是免不了的。

父亲把他狠打了一顿，教训他以后不许在放牛时去听书。然而这一顿棍子，并没有把他的求知欲打掉。两天之后，同样的事情再次发生了。当父亲又要拿棍子打他时，母亲便劝解道："孩子这样痴心，打也不会有什么用的，干脆这牛别让他放了。"从那以后，父亲再不让他去放牛了。

当时，正好村旁山上的佛寺要雇人做些粗活，于是王冕便到庙里住了下来。白天做一些杂事，换两顿饭吃，到了晚上他就睡在佛殿内，借助桌案上摆放的长明灯的微弱光线，聚精会神地看书，每晚都看到大半夜才睡觉。

由于王冕的刻苦好学，当地一个名叫韩性的学者收了王冕做徒弟，让王冕跟着他一起学习。

有了这样好的条件，王冕倍加珍惜，每天都很努力地学习。为了让自己掌握更多的技能，他还在劳动、读书之余迷上了写诗作画，经过勤学苦练，他终于在诗画方面取得了突出成就。

如此恶劣的环境也没阻挡住王冕好学的精神，学习使他插上了梦想的翅膀，从此改变了生存的环境。在竞争如此激烈的年代，学习更成为现代人生存和发展的必要手段，是学习让我们掌握了生存的技能，是学习让我们体味了人生的意义。

学习化生存是最佳的生存方式，它更多的是一种理念，一种通向睿智、丰富、幸福生活的途径。

现在，我们迈入了以信息化为标志的知识经济时代。生产的信息化，使劳动也具有鲜明的智能化特征。

"知识经济是以学习为基础的经济，与之相适应的社会是学习型社会。"面对信息爆炸的时代和科学技术日新月异的飞速发展，只有坚持不懈地学习，才能使用日新月异的劳动工具；也只有不断学习新的生存技能，才能在生存竞争中立于不败之地。

学习切忌浅尝辄止

大家都看过一组名为"挖井"的漫画吧。漫画中的人物扛着一把铁锹到一片空地，打算挖井。他第一次挖了 10 厘米，看看没有水出来，就放弃了这个坑，在旁边找地方接着挖第二个。第二个稍稍比第一个深了些，但也没有出水，于是他又放弃了。第三个坑已经有近一人深了，眼看就要接近地下水层，井水马上就要涌出了，他又失去了耐性，又放弃了。就这样，他虽然一直在不断地挖，力气出了不少，可留下的只是身后那一排深浅不一的坑，最终也没能挖出水来。

漫画是在告诉我们，做事情要坚持，不能虎头蛇尾，否则一事无成。学习，也是同样的道理。学习贵在坚持，切忌浅尝辄止。

在学习的过程中你应保持旺盛的精力，并且要有不畏困难、坚持不懈的毅力，才能够学习到真本领，才能够在成长的路途中学有所成，最终获得成功。

下面让我们来看看陈明的故事。

音乐系的陈明走进练习室。在钢琴上，摆着一份全新的乐谱。

"超高难度……"陈明翻看着乐谱，喃喃自语，感觉自己对弹奏钢琴的信心似乎跌到了谷底，消失殆尽。

已经3个月了！自从跟了这位新的指导教授之后，他不知道为什么教授要以这种方式整人。

陈明勉强打起精神，开始用十指奋战……琴声盖住了练习室外教授走来的脚步声。

指导教授是位很著名的钢琴大师。授课第一天，他给自己的新学生一份乐谱。"试试看吧！"他说。乐谱难度颇高，陈明弹得生涩僵滞、错误百出。"还不熟，回去好好练习！"教授在下课时，如此叮嘱学生。

陈明练习了一个星期，第二周上课时正准备让教授验收，没想到教授又给了他一份难度更高的乐谱，"试试看吧！"上星期的课，教授也没提。陈明再次挣扎，向更高难度的技巧挑战。

第三周，更难的乐谱又出现了。同样的情形持续着，陈明每次在课堂上都被一份新的乐谱所困扰，然后把它带回去练习，接着再回到课堂上，重新面临两倍难度的乐谱，却无论如何也追不上进度，一点也没有因为上周的练习而有驾轻就熟的感觉，因此，越来越感到不安、沮丧和气馁。

教授走进练习室。陈明再也忍不住了。他必须向钢琴大师提出这3个月来何以不断折磨自己的质疑。

教授没有开口，他抽出了最早的那份乐谱，交给陈明。"弹奏吧！"他用坚定的目光望着陈明。

不可思议的结果出现了，连陈明自己都惊讶万分，他居然可以将这首曲子弹奏得如此美妙、精湛！教授又让他试弹第二堂课的乐谱，他依然有超高水准的表现……演奏结束后，陈明怔怔地望着老师，说不出话来。

"如果，我任由你表现自己最擅长的部分，可能你还在练习最早的那份乐谱，就不会达到如今这样的水平……"钢琴大师缓缓地说。

可以说，陈明的老师在训练他时是用心良苦的。但是，如果陈明面对"难度超高"的乐谱知难而退，不再进一步学习，那么他的水平也只能停留在最初的那个水平，而不会有丝毫进步。然而，他达到了老师预想的效果，不能不归功于他坚持不懈的努力。虽然起初他不了解老师的用意而颇感疑惑，但他并没有将步伐停留在疑惑上，而是按照老师的要求"回去好好练习"，才取得了将曲子弹奏得美妙、精湛的成绩。

所以，不要对学习中的困难轻易说放弃。相信自己，只要坚持，就能成功。

在工作中学习，一步步靠近成功

大专毕业后的小林应聘到北京一家中药养生机构工作，他在大学学的是金融专业，和养生一点关系都没有，就是心里喜欢。进入工作岗位以后，他跟着师傅认真地学习，师傅帮顾客推拿，他就认真地默记推拿手法；休息的时候，他就用心地背诵人体的穴位图；有时候师傅忙不过来时，他也帮顾客先做做放松，这时他也不忘询问顾客自己的手法怎么样。努力好学的他，不仅深受师傅的喜欢，顾客对他也是赞赏有加。一年以后，小林已经能够自己接待顾客了，因此，也成了同时进入公司中最早正式上岗的一个。

毫无医学知识的小林，凭借一腔热情在工作中刻苦学习、认真钻研，终于慢慢变成了行家。工作岗位就是一个学习的平台，在工作中学习，就能一步步靠近成功。

社会上许多知名的企业家、一些优秀的职场精英，他们也许没有上过大学，却作出了非凡的贡献，甚至取得了超出常人的成就。原因就在于他们在工作中不断发现问题、解决问题，进而取得进步。对他们来说，工作岗位就是大学，岗位正是自己获得不断进步和提高的支点。就是对于现代大学毕业的学生来说，岗位同样是另一所大学。因为在学校学习的多为理论性知识，缺乏实践的指导性，参加了工作才知道一切还需从零开始。每一个岗位都是一个学习的良好机会。美国戴尔公司创始人、董事会主席兼首席执行官麦克·戴尔曾经说过："无论我在企业中处于什么位置，无论我自己身在何处，我都对自己说：你是永远的学生。"

上海宝钢集团的工人发明家孔利明，就是一个立足本职工作、把岗位当作大学的员工。他凭借不断学习和钻研的精神，为宝钢解决了各类设备的疑难杂症 340 个，创造经济效益 1400 余万元，拥有专利 53 项，连续 4 年摘取中国专利新技术、新产品博览会金奖，被评为全国劳动模范、全国十大杰出职工、全国十大自学成才标兵。

现代科技发达，工作设备比较先进，不会使用电脑显然已经落后了。为此孔利明在工作期间，先拜儿子为师，从基本的打字开始。为了掌握电脑软件、硬件的设置、调试和修理，他干脆买了一台电脑开始"研究"，拆了装，装了拆，直到弄明白为止，现在电脑已经成了他离不开的工具。

在孔利明的车间里，并排放着 24 个大文件柜，里面分门别类地装满了各种电气、机械的书籍、文件；他还把客厅辟为实验室，在自己的家里进行技术创新实验。孔利明利用业余时间完成了电气自动化的大专学业，又继续攻读了本科；他还常常去宝钢的教育培训中心取经……

孔利明没能进入高等学府，实现继续深造的梦想，但是他立足本职，同样走出了一条成功之路。

其实，在工作中学习是很好的方法。在实践中带着问题学习，不仅能够解决问题，还能够弄清问题背后的原因。这样，久而久之便会得到很大的提升。公司是员工实现自己人生目标的舞台，立足岗位，学会在岗位上学习，努力地提升自己，让自己在工作岗位上大放异彩。

工作岗位是最好的学习平台。每个人都要学会在学中干、干中学，时时刻刻做一个有心人，做一个善于学习的人。只要立足本职，努力学习，不断充实自我，提升自我，就能实现个人的人生价值。

广撒网，多角度提升自己

世界金融投资界享有"投资骑士"声誉的吉姆·罗杰斯说过："一生中毫无风险的投资事业只有一项，那就是——投资自我。"

的确如此，最合适、最有把握、收益率最高的正是投资自己。提升自己，增强自己各方面的能力，让自己持续成长，可以在成功的道路上越走越顺。

具体说来，该如何提升自己，从哪些方面入手呢？

一、不要放弃学生时代所学

大概很多人会说："大学里学的东西，对现在的工作一点帮助都没有。"如果因此就将从前所学抛诸脑后，是很可惜的。人不太可能一辈子都做同一份工作，持续花费心力在学生时代所学的学科上，非但不是浪费，在转职时反而能增加选择的机会。

二、柔性思考，多角度阅读

现今职务有细分化的趋势，在高度专业化之下，大家都竭尽所能地加强专业知识，结果造成不少人除了自己的专业之外，对其他的事都不了解。

三、每个星期给自己一个新的挑战

长期处于相同的环境下，年轻人也会加速僵化衰老。所以，每个星期给自己一个新的冒险吧！买本新书，或到从来没去过的地方逛逛，给自己新鲜的刺激与活力。

四、实际接触热门商品，思考其畅销的理由

现代社会的变动速度惊人，若不跟上潮流，只能面临被淘汰的命运。对于畅销的产品，并不一定要购买，但应该要实际去感受，思考其为什么会畅销。公司并不是图书馆，成天待在办公桌前，那真的就像在养老了，多出去走动走动吧！

五、放假时到热闹的地方去感受时代的脉动

据统计，居上班族休闲娱乐首位的就是看电视，占五成以上，剩下三成的人则是选择睡觉。当然，在辛苦工作一周后，适当的休息是必要的，但休闲生活的品质也应该兼顾。趁休假时到百货商场逛逛、听听音乐会等，能够看到许多平常没有机会看到的各形各色人物，说不定还能扩大自己的社交范围，认识新的朋友。

六、利用上班路上的时间做定点观察

一个人每天往返于工作地点和家中，一年中平均有 500 至 1000 个小时无目的地浪费掉了。其实你完全可以利用这些零散的时间来提高自我，比如听听专业知识录音带，看看袖珍英语词典，等等。有人计算过，如果能够充分利用这段时间，效果竟相当于在大学学习两学期。有很多伟大的成功者都能巧妙地利用零散时间，让自己在不知不觉中比别人高出一筹。

七、在星期天阅读一周的报纸

报纸中有相当多实时性的消息，是吸收情报的重要渠道，但每天一部分一部分地阅读，只是"点"的层面，利用星期天翻阅当周的报纸，对一个议题可以连接起"线"的层面，了解整个事情的来龙去脉。

八、看报道不要只看财经新闻

对于上班族而言，财经新闻当然是重点必读，但如果只阅读单一报纸，视野难免会过于狭隘，因此多翻阅几份，对磨炼自己对新闻的敏锐度绝对有帮助。而其他的版面，如体育版、文艺版也应该浏览一番，往往会有意想不到的收获。

九、每周阅读一本书

要培养良好的阅读习惯，以帮助你在知识爆炸的年代，提高信息取舍的能力，在滚滚情报洪流中获得最有利的信息。古典文学、世界名著、伟人传记、学生时代喜爱的读物，这些看起来和工作不相干的书籍，都能扩展视野，在人格培养及思考能力的提高上会有很大的帮助。

十、多和不同领域的人接触

大体而言，我们和能谈论相同话题的朋友比较处得来。但事实上，多接触不同领域的人，听听各行各业的工作概况和甘苦，能给予头脑新鲜的刺激，活化思考，是培养情报搜集力、扩大交际圈的绝佳机会，这对于刚开始工作的新人，在增广见闻、扩展视野上是相当重要的。

十一、至少学习一种外语

有不少上班族从学校毕业之后就和语言学习绝缘，尤其是在非国际性的公司工作，常常会疏于外文上的进修。就未来的趋势而言，有潜力的企业一定会朝向国际化发展，不趁年轻时储备实力，等三四十岁成为公司的中坚分子时才来学习，不但费力，也失去了竞争力。

十二、每周给自己一个私人时间

上班认真值得嘉奖，不过一味埋首于工作可是会出现危机的。每天反复于相同的工作中，是否有想到要为这些日子的工作绩效、人际相处、家庭关系等问题做反思与规划呢？习惯忙碌可能让你变得盲目，每周给自己一个独处的时间，让心灵沉淀。

十三、不要吝惜自我投资

市面上有所谓"在三十岁前致富"的书籍，或"二十五岁之前成为百万富翁"的报道，让一般年轻上班族也开始流行以金钱的累积作为工作的目标，对于进修或旅游增广见闻的投资就相对减少。年轻时代需要储存的应该是智能、知识资产，"无形财产"的累积才能创造人生最大的财富。

十四、自己购买书籍杂志

书籍是用来"查"的，并不只是用来"看"的。在有限的时间里，很难将一本书仔细读完，但总有些浏览过的信息将来在工作上会有所帮助，在需要时能立即取得，才不枉费花时间阅读。

提升自我，不断成长，让自己越来越优秀，是每个人都应该做的。

多读书，开阔视野

爬上知识的云梯，我们需要通过对书的阅读，那如何让阅读成为我们登上知识云梯的助力呢？多读好书，用好的阅读方法多读好书。朱伯特曾说："人能养成每天读 10 分钟书的习惯，20 年之后，他的知识适度就会有显著提高，前提是他所读的都是好的书籍。"

要做到多读书，首先就要培养随时阅读的习惯。随时阅读是除了用一整块的时间来享受阅读外，还可以用零碎的时间来读几页书。每天的零碎时间很多，等公车的间隙、排队的间隙、等人的间隙都可以随手拈来放到我们的读书时间表里。时时与书相处，便能积累出与书的情感，自然能从书中得到更多的知识与智慧。

多读书并不意味着多而广地将书收进我们的计划里。读书就如同选择一位可与之交换心灵的朋友，自然要慎重。我们可以先从自身的兴趣或专业领域出发，让自己的阅读愉快，成为一种享受，接着便可以延伸到非专业领域了。不断地扩展，不断地延伸，我们的视野就会慢慢开阔。大量的阅读是知识和智慧的基础，是生活创意的来源。

多读书还要会读书。鲁迅先生很讲究读书方法，他博览群书，并有一套自己的读书方法，值得我们借鉴。

一是泛览，鲁迅先生提倡不管什么书，拿来先翻一下，或者看一遍序目，或者读几页内容。这样既可以开阔视野，还可以防止受某些坏书的欺骗。

二是直到读懂、读透，再难懂的必读书，都要坚持读下去。但是有时难免遇到一时无法弄懂的问题，这时鲁迅先生认为，"碰到疑问而只看到那个地方，那无论看到多久都不会懂。所以跳过去，再向前进，于是连以前的地方也明白了"。

三是专精。鲁迅先生曾说："读书无嗜好，就不能尽其多，不先泛览群书，则会无所适从或失之偏好。广然后深，博然后专。"意思就是说，读书要在"泛览"的基础上挑出自己喜欢的做深入研究。

四是注重独立思考。鲁迅先生读书时很活，他认为读书时要对作者的观点和意图进行揣摩，如果是自己又会如何写。除此之外，鲁迅先生还很重视理论与实际相结合，即读万卷书的同时还要行万里路。只有与实践相结合，所读的书才能活起来。

五是研究作者。鲁迅先生读书时，必然会连同作者的传记、其他文集一同研习，以便了解作者所处的时代背景和地位。他认为，只有这样才能对作品有更深刻的理解。

最后，鲁迅先生每隔一段时间还会重读书中标记的重点，以获得新的体悟。

前辈的读书经验可以为我们阅读提供指导，多看书，会看书，去体会作者如何运用他们的非凡创意来为我们描绘平凡的生活，塑造心灵的花园。

在拥有了庞大的阅读网之后，我们的视野将达到一个新的高度，生命也会拓展出另一种角度。

阅读是一件需要慢慢享受的事情，读书时专注的力量非常重要，它可以增加我们的阅读吸收能力，看书时投入，把自己当成作者、当成作品中的角色，于是我们对生活的体悟将慢慢敏锐。

习惯八

学习高手都是时间控

——做好时间管理，充分利用你的 24 小时

合理规划你的时间

著名的效率专家查尔斯·菲尔德认为：善于为时间立预算、做规划，是有效管理时间的第一步。

事实上，时间都是"计划"出来的。能够合理规划自己时间的人就等于比别人多出了几个小时。

A、B二人斗智，A出了一个题目让B来完成。这个题目看起来是不可能完成的，即在一个同时只能烙两张饼的锅中，3分钟内烙好3张饼，每张必须烙两面，每面烙1分钟。这样算下来，最少需要4分钟才有可能把3张饼烙完。可是A只给了B3分钟的时间，这怎么办呢？

B想了想，突然想到了在3分钟内烙3张饼的方法：这种方法的宗旨就是打破常规的烙饼方法。先烙两张饼，1分钟后，把一张翻烙，把另一张取出，放入第3张饼，等第2分钟过后，把烙好的饼取出，并将已经烙好一面的饼放入锅中，同时，将第3张饼翻烙，这样等3分钟过后，3张饼就全部烙好了。

哲学家及诗人歌德说过，我们都拥有足够的时间，只要我们能好好地善加利用。假如萧伯纳没有为自己定下严格的规定，保持每天写出 5 页稿纸的文字，他可能永远只是个银行出纳员。他度过了 9 年心碎的日子，9 年总共才赚了 30 块钱稿费，但由于他一直把写作当成自己最重要的事情去做，并严格执行自己定下的计划，终于成了世界著名的作家。

看过《鲁滨逊漂流记》的读者都知道，就连漂流到荒岛上的鲁滨逊也不忘每天定下一个作息表。由此可见，我们无论做什么事情，事先都要有一个计划，这样才能保证你有时间完成自己最重要的事情。

为自己制订一个行程表，是合理规划时间的一个重要方法。只要尝试拟订行程表，原本凌乱不堪的各种预定计划，就会显得条理井然起来。

人们之所以忙得不可开交，究其原因，是因为心中缺乏一个对时间整体上的把握。人们总是习惯在工作即将截止之前，赶紧手忙脚乱，加班熬夜。这种做法，经常导致工作水平下降。相反，及早着手准备才是高效完成工作的保障。

先忧后乐是时间计划的一个基本原则。

我们可以拟定一个具体的周末假日行程表，以此为例来学习一下规划时间的方法。

首先，所谓周末假日究竟是从什么时候开始到什么时候结束呢？

一般的看法是从周六早上开始，到周日晚间为止。不过如果想要利用周末假日，充分争取时间从事自我启发的话，这样做是不行的。

所谓周末假日是从周五晚间到周一早上为止的时间。如此解释，就有将近三天的假期可资运用，无妨将它当作一个整体时段来加以掌握。

倘若这种理念成立，周五晚间的度过方法就变得十分重要。譬如周五晚间痛饮迟归，连带地将使得周六起床之际已过半日时分。

周六和周日，基本上还是应该早起。但过于严苛的话，恐有难以持续之虞，因此不妨稍微放松，比平日晚起一两个小时也没关系。以尽可能和家人一起共用早餐为宜。

其次，要将周六、周日的上午定为主要进修时间，不足的部分排入周六、周日的晚间。若周日晚间不排计划只管就寝，周一早上提早起床也可以。

总而言之，周末假日行程的成功与否，要以周五晚间的度过方式而定。

基本上，周末假日要将工作暂且付诸脑后，好好地调剂身心才是提高工作效率的良方。不过，有件事情非常重要，就是必须为下周一开始的工作预做心理准备。这点将在事后造成巨大差异，而在工作上面反映出来。

如果等到下周早上再来订立下周的进修行程表，事实上已经太迟了。

本周日晚间才是思考立下周行程表的绝佳时机。

除此之外，合理规划时间还应当注意以下两点。

一、要善于有效分配时间

千万不要平均分配时间。应该把你的有限的时间集中到处理最重要的事情上，不可以每一样工作都去做，要机智而勇敢地拒绝不必要的事和次要的事。一件事情发生了，开始就要问："这件事情值不值得去做？"千万不能碰到什么事都做，更不可以因为"反正我没闲着，没有偷懒"，就心安理得。

二、要学会处理两类时间

对于每一个人来说，存在着两类时间：一类是属于自己控制的时间，称作"自由时间"；另一类是属于对他人他事的反应的时间，不由自己支配，称作"应对时间"。

两类时间都客观存在，都是必要的。没有"自由时间"，便完全处于被动、应付状态，不能自己支配时间的人，不是一名有效的领导者。但是，要完全控制自己的时间在客观上也是不可能的。没有"应对时间"，只有"自由时间"，实际上也就侵犯了别人的时间。因为个人的完全自由必然造成他人的不自由。

善于利用零碎时间

所谓零碎时间，是指不构成连续的时间或一个事务与另一事务衔接时的空余时间。这样的时间往往被人们毫不在乎地忽略过去。零碎时间虽短，但倘若一日、一月、一年地不断积累起来，其总和将是相当可观的。

凡是在事业上有所成就的，都是能有效地利用零碎时间的人。本杰明·富兰克林曾说过："世界上真不知有多少可以建功立业的人，只因为把难得的时间轻轻放过而默默无闻。"

滴水成河，用"分"来计算时间的人，比用"时"来计算时间的人，时间多59倍。

美国近代诗人、小说家和出色的钢琴家艾里斯顿善于利用零散时间的方法和体会颇值得我们借鉴。他写道：

其时我大约只有14岁，年幼疏忽，对于爱德华先生那天告诉我的一个真理，未加注意，但后来回想起来真是至理名言。从那以后我就得到了不可限量的益处。

爱德华是我的钢琴教师。有一天，他给我教课的时候，忽然问我："每天要练习多长时间钢琴？"我说每天三四个小时。

"你每次练习，时间都很长吗？是不是有个把钟头的时间？"

"我想这样才好。"

"不，不要这样！"他说，"你将来长大以后，每天不会有长时间的空闲的。你可以养成习惯，一有空闲就几分钟几分钟地练习。比如在你上学以前，或在午饭以后，或在工作的休息闲余，5分钟、5分钟地去练习，把小的练习时间分散在一天里面。如此则弹钢琴就成了你日常生活中的一部分了。"

当我在哥伦比亚大学教书的时候，我想兼职从事创作。可是上课、看卷子、开会等事情把我白天、晚上的时间完全占满了。差不多有两个年头我不曾动笔写一字，我的借口是没有时间。后来才想起了爱德华先生告诉我的话。到了下一个星期，我就把他的话实践起来。只要有5分钟左右的空闲时间，我就坐下来写作100字或短短的几行。

出乎意料，在那个星期的终了，我竟积有相当的稿子准备修改。

后来我用同样积少成多的方法，创作长篇小说。我的教授工作虽一天繁重一天，但是每天仍有许多可资利用的短短余闲。我同时还练习钢琴，发现每天小小的间歇时间，足够我从事创作与弹琴两项工作。

零碎时间也可以为我们创造出很大的价值，世界上有很多有成就的人都十分重视利用零碎时间。著名的生物学家达尔文就是一个很好的例子。

一天，生病的达尔文坐在藤椅上晒太阳，面容憔悴，精神不振。一个年轻人路过达尔文的面前。当他知道面前这位衰弱的老人就是写了著名的《物种起源》等作品的达尔文时，不禁惊异地问道："达尔文先生，您身体这样衰弱，常常生病，怎么能做出那么多事情呢？"达尔文回答说："我从来不认为半小时是微不足道的很小的一段时间。"

的确，达尔文非常珍惜时间，他曾在给苏珊·达尔文的信中说："一个竟会白白浪费1小时的人，不懂得生命的价值。"

著名美国作家杰克·伦敦的房间，有一种独一无二的装饰品，那就是窗帘上、衣架上、柜橱上、床头上、镜子上、墙上……到处贴满了各色各样的小纸条。杰克·伦敦非常偏爱这些纸条，几乎和它们形影不离。这些小纸条上面写满各种各样的文字：有美妙的词语，有生动的比喻，有五花八门的资料。

杰克·伦敦从来都不愿让时间白白地从他眼皮底下溜过去。睡觉前，他默念着贴在床头的小纸条；第二天早晨一觉醒来，他一边穿衣，一边读着墙上的小纸条；刮脸时，镜子上的小纸条为他提供了方便；在踱步、休息时，他可以到处找到启动创作灵感的语汇和资料。不仅在家里是这样，外出的时候，杰克·伦敦也不轻易放过闲暇的一分一秒。出门时，他早已把小纸条装在衣袋里，随时都可以掏出来看一看、想一想。

爱因斯坦曾组织过享有盛名的"奥林比亚科学院"，每晚例会，他总是愿意同与会者手捧茶杯，开怀畅饮，边喝茶，边谈话。爱因斯坦就是利用这种闲暇时间，交流自己的思想，把这些看似平常的时间利用起来。后来他的某些理想主张、他的各种科学创见，在很大程度上产生于这种饮茶之余的时间里。

爱因斯坦并没有因为这是闲暇时间而休息，而是在休闲时工作，在工作中休闲饮茶，这是很好的结合。现在，茶杯和茶壶已渐渐地成为英国剑桥大学的一项"独特设备"，以纪念爱因斯坦的利用闲暇时间的创举。鼓励科学家利用休闲时间，创造更大的成就，在饮茶时沟通学术思想，交流科学成果。这种"闲不住"

的人们可以在闲暇时间里积极开创自己的"第二职业"。

零碎时间看起来十分短暂，但如果你善加利用，积少成多，也是一笔很好的财富。

有人算过这样一笔账：如果每天临睡前挤出 15 分钟看书，假如一个中等水平的读者读一本一般性的书，每分钟能读 300 字，15 分钟就能读 4500 字，一个月是 135000 字，一年的阅读量可以达到 1620000 字。而书籍的篇幅从 60000 字到 100000 字不等，平均起来大约 75000 字。每天读 15 分钟，一年就可以读 20 本书，这个数目是可观的，远远超过了世界上人均年阅读量。然而这并不难实现。

如果你觉得自己缺乏思考问题的空闲时间，不妨试着坚持每天睡前挤出十几分钟的时间，一旦形成了习惯，就很容易长期坚持。

下面举出几个利用零碎时间的方法供你学习。

一、提高执行速度

动作的快慢决定着需耗用的时间长短。

看过这样一件事，说的是一个闲着无事的老大爷，为了给远方的孙女寄张明信片，可以花上一天的时间。老大爷买明信片时用了 2 小时，找老花镜用了 2 小时，找地址用了 1 小时，写明信片用了 2 小时，投寄明信片用了 1 小时。

换一个动作迅捷的人，那么几分钟的时间他便能办好这位老大爷所做的事。

二、利用"边角料"时间

时间在鲁迅先生的笔下被比作海绵里的水，挤，便会有。做事情只有快，却不懂得"挤"时间，也是不完美的。要利用好零碎时间，就要养成一种敢于挤、善于挤的精神。养成挤时间的良好习惯，对于学习是非常重要的。那么你如何在快速的生活节奏和繁忙的工作中挤出时间呢？

我们要提高时间的利用率，就要学会化零为整，善于把时间的"边角余料"拼凑起来，加以利用。

三、善于利用假日

按照中国的有关规定，每个人每年节假日的休息时间为10～11天，再加上周末的时间，一年就会有130天左右的假期。如果你把这段时间巧妙地加以利用，也会有一定的收获。

著名数学家科尔用3年内的全部星期天解开了"2的62次方减1"是质数还是合数的数学难题。

这3年的星期天多么有意义！其实，时间就在我们手中，就是看你怎样去利用它。

掌握你的时间节奏

在我们日常的工作和生活中，除了每天能力状态的规律性波动之外，我们还可以观察到较长时间段里的生理规律：生理节奏。通过生理节奏管理，我们可以解读体内的"生物钟"，了解其规律，通过主动调整，使自己的能力与其自然波动相适应。

在低点和临界日，我们养精蓄锐，放松休息，多做重复性工作，回避不愿见的人和令人头疼的问题。与此相反，在高点周期则要大干一番！这时候适宜作出决定，重新部署工作，贯彻自己的意图。管理好自己的生理节奏，可以让我们更好地掌握自己的时间和身体，享受更轻松、更简单的工作和生活。那么，究竟什么是"生理节奏"呢？看过下面这个生活中的小例子我们就会明白了。

比奇睁开了眼睛，才不过清晨 5 点钟，他便已精神饱满，充满干劲。

另一面，他的太太却把被盖拉高，将面孔埋在枕头底下。

比奇说："过去 15 年来，我们俩几乎没有同时起床过。"

像比奇夫妇这样的情况，并非少见。

我们的身体像个时钟那样复杂地操作，而且每个人的运转速度也像时钟那样彼此略有不同。

比奇是个上午型的人，而他的太太则要到入夜后才精神最好。

很久以来，行为学家一直认为导致这种差别的原因是个人的怪癖或早年养成的习惯。直到 20 世纪 50 年代后期，医生兼生物学家霍尔堡提出了一项称为"时间生物学"的理论，"养成习惯"的见解才受到挑战。霍尔堡医生在哈佛大学实验室中发现某些血细胞的数目并非整天一样，视它们从体内抽出的时间不同而定，但这些变化是可以预测的。细胞的数目会在一天中的某个时间比较高，而在 12 小时之后则比较低。他还发现心脏新陈代谢率和体温等也有同样的规律。

霍尔堡的解释是，我们体内的各个系统并非永远稳定而无变化地操作，而是有一个大约周期，有时会加速，有时会减慢。我们每天只有一段有限的时间处于效率的巅峰状态。霍尔堡把这些身体节奏称为"生理节奏"。

生理节奏和我们生活的方方面面都密切相关：健康、事业、家庭生活、社会活动、闲暇时间和运动等，它的应用可以说是无限的。日本和美国的许多企业利用生理节奏原理，短时间内就把事故率减少了 30%、50%，甚至接近 60%。

根据自身的生理节奏来调节好自己的时间节奏，我们就可以更好地掌控和利用自己的时间。下面我们来看一个叫艾丽丝的女职员的例子。

艾丽丝是 5 点钟俱乐部的成员。何谓 5 点钟俱乐部呢？下面是她的介绍：她的公司有许多有孩子的女职员，煮早餐、准备午饭、送孩子上学是她们每天的例行公事。这么多的琐事，她们如何应付呢？艾丽丝说："每天早上 5 点钟起床——5 点钟俱乐部。"在太阳升起前起床是件很难的事，但益处多多。这个时间段，没有任何干扰，气氛祥和、宁静，你会有一种幸福感，你就会努力去做你应做的事。艾丽丝建议她的业务员充分利用这段安静的时间制订一天的工作计划，然后一一做起。

5点钟俱乐部的成员包括许多成功人士，虽然他们未必听说过艾丽丝的说法。这安静的时刻，是他们做健身操、跑步、反省的最佳时光。

成功学专家拿破仑·希尔说："我只要睡5个小时就够了，早5点或5点30分起床，以便更好地利用时间，当然我不喜欢做时间的奴隶。"

赫尔曼·塔尔梅——美国前参议员，是美国过去几十年中最有权势、最著名的参议员之一。一个朋友从他秘书那儿得知，早上5点后他就可以接电话，很早就开始一天的工作了。但朋友还是没敢在大清晨5点给他打电话。

7点钟朋友给他打了电话，对他说很抱歉这么早打扰他，塔尔梅神清气爽地说没什么，在此以前，他已经工作好几个小时了。并且说，在法学院读书时，他一般是第一个到图书馆的，所以每次他都能读到限阅的书。

如果我们在晚上10点睡觉、早上5点起床，我们的睡眠时间仍然是7个小时；而一般人如果在午夜12点入睡，早上7点起床，他们的睡眠时间也同样是7个小时。所以我们在这里提倡早睡早起，只是非常有策略性地将休息和工作的时间对调了一下，将晚上10点至午夜12点这段本是用来看电视、看报纸、娱乐、应酬的时间用于睡眠，而早上5~8点这段本应用于睡眠的时间，则用来做一些更重要的事情。

目前，生理节奏理论已经成为人们追求简单生活、提高工作效率的好帮手。我们可以利用生理节奏规律来帮助自己更好地规划生活。但是，你首先必须知道如何去辨认它们。霍尔堡和他的同事们已研究出以下这套方法，可以帮助你测定自己的身体规律：

早上起床之后 1 小时，量一量你的体温，然后每隔 4 小时再量一次，最后一次量度时间尽量安排在靠近上床时间。一天结束时，你应该得到 5 个体温度数。

每个人的变化不同而结果亦异。你的体温在什么时候开始升高？在什么时候到达最高点？什么时候降至最低点？你一旦熟悉了自己的规律，便可以利用时间学的技术来增进健康和提高工作效率。

我们的生理节奏到达最高峰的时候，做体力工作便会得到最佳的成绩。对大多数人来说，这个最高峰期大约持续 4 小时。因此，你应该把最花费力气的活动安排在体温最高的时候进行。至于从事脑力活动的人，时间表则比较复杂。要求准确性的任务，例如读书和学习，最好是在体温正上升的时候去做。大多数人体温上升时间是在早上 8 点或 9 点，相比之下，阅读和思考则在下午 2 点至 4 点进行比较适宜，一般人的体温在这段时间会开始下降。

科学计算时间，用好 20／80 法则

雷巴柯夫曾经说过："时间是个常数，但对勤奋者来说，则是个变数。"

要科学地支配时间，时间管理者就必须彻底清除含糊不清、陈旧的计时单位和计时方法。诸如"一会给你打电话""走了一会儿啦""吸支烟的工夫"等等。这些表示时间的单位和方法，写小说可以，作为生活习惯就不适合了。

一顿饭可以吃 10 分钟，也可以吃 2 小时，甚至更长，用"吃顿饭的时间"来描述时间长短是极不准确的。这些含糊不清的时间概念，在高科技时代必须彻底丢弃。

200 多年前俄罗斯军事家苏沃洛夫说："一分钟决定战斗结局，一小时决定战局胜负"，"我不是用小时来行动，而是用分钟来行动的"。战争如此，任何事亦需如此。

现代社会对时间的计算要求越来越精确。现在所用的雷达测距、测速，核潜艇的导航，多弹头导弹的制导，允许误差不得超过一百万分之一秒。飞往火星的飞船在时间计算上假如有千分之一秒的误差，则飞船偏离轨道 15 千米。因此在高科技领域里，计时出现了毫秒、微秒、毫微秒、微微秒。

法国哲学家爱尔维修说得好："实际上，大多数人的幸福或不幸，主要区别于这 10 个或 12 个小时使用是否巧妙。"精确地计

算时间，可以杜绝时间使用上的无计划状态，可以堵住浪费时间的漏洞，可以把全天每个环节富余下来的分分秒秒的零碎时间，拼接成大的"时间板块"去干更有价值的事。节约了时间就等于创造了时间，赢得了时间就等于赢得了主动。成功者与失败者的区别也就在这里。

爱迪生从小就对很多事物感到好奇，而且喜欢亲自去试验一下，直到明白了其中的道理为止。

长大以后，他就根据自己这方面的兴趣，一心一意做研究和发明的工作。

他在新泽西州建立了一个实验室，一生共发明了电灯、电报机、留声机、电影机、磁力析矿机、压碎机等总计2000余种东西。爱迪生的强烈研究精神，使他对改进人类的生活方式做出了重大的贡献。"浪费，最大的浪费莫过于浪费时间了。"爱迪生常对助手说，"人生太短暂了，要多想办法，用极少的时间办更多的事情"。

一天，爱迪生在实验室里工作，他递给助手一个没上灯口的空玻璃灯泡，说："你量量灯泡的容量。"他又低头工作了。

过了好半天，他问："容量多少？"他没听见回答，转头看见助手拿着软尺在测量灯泡的周长、斜度，并拿了测得的数字伏在桌上计算。他说："时间，时间，怎么费那么多的时间呢？"爱迪生走过来，拿起那个空灯泡，向里面斟满了水，交给助手，说："里面的水倒在量杯里，马上告诉我它的容量。"助手立刻读出了数字。

爱迪生说："这是多么容易的测量方法啊，它又准确，又节省时间，你怎么想不到呢？还去算，那岂不是白白地浪费时间吗？"助手的脸红了。

爱迪生喃喃地说："人生太短暂了，太短暂了，要节省时间，多做事情啊！"

这个故事告诉我们一个道理，人生的意义就是抓紧时间做事。

有一个"剪时间尺"的游戏可以阐明人生就是时间的意义，很通俗，也非常形象。

首先，你要准备一把 80 厘米长的软尺。假如你有 80 岁寿命，那么每 1 厘米就代表 1 年，1 ~ 20 岁可能是你不能自主的，截下不谈。现在你的软尺有 60 厘米，表示你 20 ~ 80 岁的时间。你 60 ~ 80 岁这 20 年是老年时期，处于半退休或退休状态，所以你可以用剪刀把软尺上表示你 60 ~ 80 岁 20 年时间的 20 厘米剪去。现在你的软尺只剩下 40 厘米——你一生的黄金时间。

一般人平均每天睡眠 8 小时，一年 365 天，一年平均的睡眠时间约是 1 / 3，40 年中睡眠时间是 13 年，软尺便剩下 27 厘米。

一般人每天早中晚三餐，平均需要 2.5 小时，一年大约用去 912 小时，40 年便是 36480 小时，相当于 4 年时间，所以请你把软尺剪去 4 厘米，现在的软尺还剩下 23 厘米。

在交通上，如今一般人每天用于交通的时间平均为 1.5 小时，现在你问一问自己每天用在交通方面的时间有多少？如果答案是1.5 小时，40 年便是 2.19 万小时，等于 2.5 年。请你在软尺上剪下 2.5 厘米，现在软尺剩下 20.5 厘米了。

如果你每天用于与朋友聊天闲谈、打电话的时间，或平时闲聊的时间是 1 小时，40 年就用去了 1.46 万小时，等于 1.5 年，那么现在你的软尺应该剩下 19 厘米。

此外，据统计，一般人平均每天花在看电视上的时间接近3 小时，而一些事业有成的社会精英则每星期少于 1 小时。假设你每天平均看电视 3 小时，40 年所用去的时间就是 4.38 万小时，亦即等于 5 年时间。请你在软尺上剪去 5 厘米，现在它剩下来的应该是 14 厘米。也就是仅有 14 年时光……

上述计算方法很精准，对一般人而言并没有夸大其词。试问：以这短短 14 年时光去养活自己 80 年的人生，可能吗？

答案是不可能的。这个游戏告诉我们：人生就是时间，能够精确地计算时间，合理地利用时间，才能把握人生存在的价值。

试问时间哪里来，水在海绵挤出来

时间到底是什么呢？时间对于不同的人有不同的意义。对于活着的人来说，时间是生命；对于从事经济工作的人来说，时间是金钱；对于做学问的人来说，时间是知识；对于无聊的人来说，时间是债务；对于勤奋的人来说，时间是财富，是资本，是命运，是千金难买的无价之宝。

可是，许多人总抱怨时间不够用，但是那些伟人怎么可以有那么多的时间，那么大的成就呢？

莎士比亚曾说过："时间是世人的君王，是他们的父母，也是他们的坟墓，它所给予世人的，只凭着自己的意志，而不是按照他们的要求。"我们要学会做时间的主人，有效地支配它。

历数古今中外一切有大建树者，无一不惜时如金。古书《淮南子》有云：

"圣人不贵尺之璧，而重寸之阴。"汉乐府《长歌行》中有这样的诗句："百川东到海，何时复西归？少壮不努力，老大徒伤悲。"晋朝陶渊明也有惜时诗："盛年不重来，一日难再晨。及时当勉励，岁月不待人。"唐末王贞白《白鹿洞》诗中更有"一寸光阴一寸金"的妙喻。法国作家巴尔扎克把时间比作资本。德国诗人歌德把时间看成自己的财产。鲁迅先生对时间的认识更深刻，他说："时间就是生命。无端地空耗别人的时间，其实无异于谋财害命。"

那么如何才能使自己拥有更多的时间呢？

一、少说废话

名人之所以能成为名人，伟人之所以能成为伟人，有一个共同点，那就是：他们都能很好地运用自己的时间，他们都懂得一切从现在做起的道理。

在时间的运用上，成功人士非常认真地对待每一分每一秒，尤其是当前的时间利用，而不是将时间用在说许多的大话、空话或者是无期望达到的计划上。

一位青年人向爱因斯坦询问问道："先生，您认为成功人士是如何成功的，有无秘诀？"爱因斯坦非常认真地告诉他："成功等于少说废话，加上多干实事。"

二、挤出点滴时间

时间对于每个人来说都是公平无私的，只要你愿意，就能挖掘出更多的潜在时间，扩大时间的容量，用挤出来的时间去实现更高的梦想。

我们每天只要挤出微不足道的 1 分钟，一年就可以挤出大约 6 小时的时间。

如果每天能挤出 10 分钟，那就是相当可观的一个数字了。一周工作 5 天，每天工作时间为 8 小时，而一天中再挤出 10 分钟，那么一年就可以增加 5 天多的工作时间。再者，即使再忙，每天可支配的零星时间至少有 2 小时。如果你从 20 岁工作到 60 岁退休，每天能挤出 2 小时，有计划地从事某一项有意义的工作，那么，加起来就可达到 29200 小时，即 3650 个工作日，整整 10 个年头！

这是一个多么诱人的数字，足可以干一番事业。难怪发明家爱迪生在他 79 岁时，就宣称自己是 135 岁的人了。由此可见，时间的弹性是很大的，只要我们善于挤时间，便能大大增加时间的容量。

三、灵活应用松散时间

这里所讲的松散时间，是指人们的大量工作时间处于很松弛的时候。比如学习的压力不大，那么这种情况下就应当考虑如何有效利用这些时间。

比如，刘小姐在行政机关单位上班，她每天的工作就是接一接电话、分发报纸信件，以及通知别人各有关事项。工作虽然轻松，时间却不能少花，每天8点半钟就要上班，12点按时下班。下午2点上班，一直到6点才下班。

对于刘小姐来说，这些工作量不大，做起来不很费力气。真正把工作量压缩起来，一两个小时就能做完。但是，行政机关的工作性质决定了她必须按点坐班。另外，随时都可能有电话来通知事情。这样刘小姐只能寸步不离地待在办公室。

为了有效地利用好这些空闲的时间，刘小姐在工作不受影响的情况下，学习了自学考试的课程，在两年的时间内就拿下了大学本科考试的结业证。

在人们的一天工作或生活中，不可能每时每刻的时间都处于紧张的状态。

根据人们从事的工作，有的需要集中精力，注意力高度紧张，才能完成。而有的工作不需过于集中精力，只要稍微注意即可。而且在一天的工作中，每个时候的工作要求也是不一样的，你可以适当放松一下，那么，这些松散时间就要合理安排。

小心时间陷阱，警惕时间"窃贼"

时间是宝贵的，浪费一分一秒都是犯罪。但是人们往往在不知不觉中与时间擦身而过，浪费了时间却还蒙在鼓里。

那么时间是如何在不知不觉间被浪费掉的呢？

一、做事情漫不经心

有些时间管理者对时间漫不经心，抱着随便打发的无所谓态度，这是缺乏人生价值观念的表现。其口里经常念叨的是：做点什么呢？打发打发无聊的时间。而且在时间管理上，就算是有事业心的人，有时也会因漫不经心而丧失时间。

因此，要追求高效，就要特别注意漫不经心给我们设下的陷阱。

二、不会自我约束

每个人都有兴趣爱好，喜欢做那些自己感兴趣的事，并乐此不疲，越是年轻人，这种爱好表现得越强烈。我们都可能有这方面的感受，当看到一本精彩的散文而入迷的时候会手不释卷，不顾其他；当球迷球兴正浓时会放弃本来打算要做的事。在工作中，如果有几件事摆在面前由我们选择，我们往往会选择自己感兴趣的，有时候就忽略了它是否紧迫和重要。这些首先满足自身欲望的行为方式，常常使我们掉进时间陷阱，把该办的事拖延下来，造成了整个计划的被动。

因此，要跨越时间陷阱，就必须努力培养自我约束能力，改掉不良嗜好。

要能抵抗兴趣偏好的诱惑，哪怕正在进行的活动是如此令人愉快，应该结束时就要适可而止；哪怕有的事情是自己乐意做的，只要它比起其他事情来还不那么紧迫和重要，就应该毫不犹豫地放下它。

三、遇事墨守成规

有些人工作起来，从不知变通。对于这种情况，只要采取果断的办法，轻、重、缓、急分类处置，对可办可不办的事交由别人去办；对可阅可不阅的，不去阅览；抓住重要的事情认真处理，对次要的则快刀斩乱麻，才能卸掉重压，以更多的时间去做更重要的事。

四、凡事喜欢亲力亲为

现实生活中有许多事必躬亲而效果不佳的人。在很多家庭里，年轻的爸爸妈妈不让自己的小宝宝干活，一半是疼爱，一半是不放心，总愿意把一切家务包揽在自己身上，结果是大人劳累不堪，孩子缺乏独立生活能力。诸如此类处事方法，必然占用大量管理时间，使更重要的事耽搁下来。

产生事事亲为的原因很多，主要在于：首先是不知道时间运筹术，即不知道自己有多少时间，过多地把工作包揽到自己身上，不管能否胜任，有些不重要的琐事由自己来做是否值得，不知道自己的任务是统领全局而不是亲力亲为。其次是按自己的行为模式要求旁人，错误地注重表现而忽略结果。再次是只看到节省时间于一时一事，只看到自己动手可以免掉督促、检查和交代的时间，没有看到一旦让别人去做之后，再碰到类似的工作，就可以不再亲自动手，最终会为自己赢得更多的时间。

因此作为时间管理者，要是你希望把时间纳入掌握之中，就不能有亲力亲为的念头。否则你将会失去生活乐趣，繁重的工作会使你压得喘不过气来。

五、等待

生活中有许多时间都消磨在等待中了。等待的确是白白浪费时间，但我们也可以把它看作一种超脱了日常的繁忙而得到的一份额外的时间馈赠。养成随身携带钢笔、明信片和邮票的习惯。当你在医院候诊室等着看病时，就可以利用这段时间给朋友们写信，或带一本书看。你也可以带着一个笔记本，这样，当别人无聊地一遍遍翻着旧杂志的时候，你的一部著作说不定就在这里诞生了呢？

六、做些无望的空想

我们的生命时常消耗在对明天的期待上。这样，我们就忘记了要好好利用眼前的时光。而时间是一去不复返的。为什么因焦急地盼望下周或明天就不珍惜现有的时间？如果我们能深刻理解现在是联结过去和将来的重要环节，我们就能更生气勃勃地利用眼前的光阴了。我们真应该说："谢谢你，今天。"

七、犹豫不决

悬而未决的问题缠身往往会影响你的工作，使你在能自由支配的宝贵时间里变得心不在焉。关键不在于你是否有问题要解决，而在于它们是不是你一个月或一年前就已经有的老问题。如果是长期以来一直没解决的问题，那么它们消耗了你多少时间和精力啊？你至少应该解决一些这类老大难的问题，使自己舒舒服服地生活下去。

当你拿不定主意时，其实完全可以缩小你的选择面，迅速作出决定。干脆、果断至少可以在生活的某一方面使你受益匪浅。

八、不停地看电视

最近一项调查表明：在美国，普通家庭平均每天看电视的时间在 7 小时以上。虽然看电视是一种人们开心解闷的消遣，但是这太耗费我们的时间了。

为了避免那些毫无意义的节目，最好的办法是事先看看节目报，挑选那些你感兴趣的节目，而把省下来的时间更有效地加以利用。

九、做事无的放矢

攻读一个学位要多长时间？完成一项工作要多少时间？你能照料多大面积的菜园？你有多少个晚上能用来参加社会活动？你还想做更多的事吗？精心地制订你的计划是减轻负担、节省时间的关键。

学会时间统筹

想一想,人的一生除掉幼年顽童期与老弱暮年期,能够用来学习和工作的时间只有短短的不足 50 年。而其中除却休息、吃饭、休闲娱乐、无聊发呆、交际的时间,所剩的可以有效利用的时间少之又少。而且,时间是一辆不会掉头的列车,错过了,就不会再追赶上。那么,要充分、合理地利用这有限的时间,学会时间统筹是必须的。

那么我们如何统筹安排自己的时间呢?

首先,我们头脑里面要对自己所做的事情有一个大致的轮廓。比如,今天都有哪些工作需要自己去完成?完成这些工作大概又需要多长的时间?我们还会有多少由自己个人支配的时间?假如你是老师,要上好一节课,在备每一节课的时候,除了备所要讲的内容以外,还要安排所讲内容的时间:复习的时间需要多长?新课讲授的时间又该留多长的时间?学生自己练习需要多长时间?这些每个老师在课前都要有一定的估计和判断,否则,就会当一个"拖堂"的老师,这是学生们最讨厌的事情。

接下来,我们就可以放手做需要做的事情了。但是在做某件事情的时候,就要把其他额外的想法都放下,把自己的精力全部集中在这件事上,专心致志地做你现在的这份工作,这个时候,心里只有工作,这样我们就能够提高工作效率了。

当完成某件事情之后，我们就可以把自己从紧张的状态中解脱出来，彻底的放松一下自己了，比如，到了星期天，我们就可以睡个懒觉，或者去郊外呼吸一下新鲜的空气，或者听听音乐，听听自己喜爱的流行歌曲，或者也可以上上网，和朋友们聊聊天，以各种方式放松自己。只有休息好了，我们才可以让自己在工作中保持充沛的精力。

关于时间统筹，下面有几条准则，你不妨试试看。

一、明确目标，制订计划

时间统筹的第一项法则是设定目标、制订计划。目标能最大限度地聚集你的时间。因此，只有目标明确，才能最大限度地节省和控制时间。

人生的道路，时间和价值是存在对应关系的。有目标，一分一秒都是成功的记录；没有目标，一分一秒都是生命的流逝。爱默生说："用于事业上的时间，绝不是损失。"

每天都应把目标记录下来，并且把行动与目标相对照。相信笔记，不要太看重记忆，养成凡事预先计划的习惯；不要定"进度表"，要列"工作表"；事务要明确具体，比较大或长期的工作要拆散开来，分成几个小事项。

玛丽凯说："每晚写下一日必须办理的6件要务，挑出了当务之急，便能照表行事，不至于浪费时间在无谓的事情上。"

确定每天的目标，养成把每天要做的工作排列出来的习惯，把明天要做的事，按其重要性大小编成号码，第二天上午头一件事是考虑第一项，马上去做，直至完毕；接着做第二项，如此下去。

可以将事情按计划有序地完成，并且可以提高办事效率。

合理运用时间，可以让你生命中的每个日子都值得"计算"，而不要只是"计算"着过日子。要学会制订可行性目标的尺度，并将每天的目标作出详细的实现计划。天天有目标，时时有计划，这样就能珍惜自己的时间，永不浪费。

二、轻重缓急，主次分明

学习生活中你也许会对那些成绩优异的学生的精力感到惊奇，他们每天有那么多的活动安排，却还能将自己的时间分配得有条不紊，不仅能轻松完成作业、阅读自己喜欢的书籍，并且有时间休闲娱乐，难道他们一天不是 24 个小时吗？其实，答案是他们比别人更懂得"要干最重要的事情"。

列出你今天、这一周和这个月要处理的事情，在一张纸上画出 4 栏，并在左上角贴上"重要而且紧急"的标签，你应在这一栏内填入必须立即处理的工作，并依次写下每项工作的处理日期和时间。

在右上角贴上"重要但不紧急"的标签，并填入必须做，但不必立即处理的工作。同样依次写下每项工作的处理日期和时间，你应每天审查一下这一栏的工作，看会不会有工作变成"重要而且紧急"的项目。

左下角贴上"不重要却紧急"的标签，在这一栏中所填写的，都是一些必须立即处理的琐事，诸如某人需要你的建议，有人要你马上去买一些小东西，等等。

最后，在右下角贴上"不重要也不紧急"的标签，你当然可以让这一栏一直空着，反正写在这一栏的工作，都是你可以不必在意的，但本栏的目的在于告诉你事实上有许多事情是属于"不重要也不紧急"的项目。

三、分配时间，提高效率

如果你把最重要的任务安排在一天里你干事最有效率的时间去做，你就能花较少的力气做完较多的工作。何时做事最有效率、最对自己的胃口，因各人的生物钟不同而有差异，我们要根据自己最佳的学习状况，最充分地利用最有效率的时间。当你面前摆着一堆事情的时候，应先问问自己的学习习惯，哪一些时间做什么事最有效？大凡成功者都是码放时间的高手。据说，1902年，著名科学家科尔在纽约的一次学术报告会上，曾轻松地走到黑板前，很快列出了两条算式，两次计算结果相同，证明 2 的 67 次方减去 1 是合数，解决了 200 多年来，该数一直被争论是否是质数的数学难谜，使与会者不禁叹为观止。有人问他为此花了多少时间，科尔回答说："3 年内的全部星期天！"

每个人的生物时钟不同，但大体上是有相通性的。一般来说，人体在早晨 9 点到 11 点、下午 2 点到 5 点的注意力是比较集中的，这时也是工作效率最高的。当然，也有人在晚上甚至深夜时头脑最清晰，思路最敏捷，往往一些很有创意的设想就是在这个时间段迸发出来的。那么，仔细考察一下自己的状况，拿出最有效率的时间做最重要的事吧！

　　大家都知道华罗庚的时间统筹实验。浇水、择菜、学唐诗，很简单的事情，采用时间统筹的方法便可以节省很多时间，并且将事情做得有条不紊。他的实验告诉了我们一个道理，时间统筹可以让你在最短的时间做最多的事，而且每件事都可以做得很出色。

　　你不妨试试看！

习惯九 ○

科学学习

学习高手用超级记忆术

——重新开启你的超强大脑

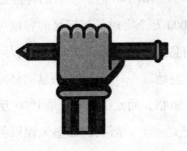

你的记忆潜能开发了多少

俄国有一位著名的记忆家，他能记得 15 年前发生过的事情，他甚至能精确到事情发生的某日某时某刻。你也许会说："他真是个记忆天才！"其实，心理学家鲁利亚曾用数年时间研究他，发现他的大脑与正常人没有什么两样，不同的只是他从小学会了熟记发生在身边的事情的方法而已。

每个人读到这里都会觉得不可思议。其实，人脑记忆是大有潜力可挖的。你也可以像这位记忆家一样，而这绝对不是信口开河。

现代心理学研究证明，人脑由 140 亿个左右的神经细胞构成，每个细胞有 1000 ~ 10000 万个突触，其记忆的容量可以收容一生之中接收到的所有信息。即便如此，在人生命将尽之时，大脑还有记忆其他信息的"空地"。一个正常人头脑的储藏量是美国国会图书馆全部藏书的 50 倍，而此馆藏书量是 1000 万册。

人人都有如此巨大的记忆潜力，而我们却整天误以为自己"先天不足"而长吁短叹、怨天尤人，如果你不相信自己有这样的记忆潜力的话，你可以做下面的实验证明。

请准备好钟表、纸、笔，然后记忆下面的一段数字（30位）和一串词语（要求按照原文顺序），直到能够完全记住为止。写下记忆过程中重复的次数和所花的时间等。4小时之后，再回忆默写一次（注意：在此之前不能进行任何形式的复习），然后填写这次的重复次数和所花的时间。

数字：109912857246392465702591436807

词语：恐惧　马车　轮船　瀑布　熊掌　武术　监狱　日蚀　石油　泰山

学习所用的时间：

重复的次数：

默写出错率：

此时的时间：

4小时后默写出错率：

现在再按同样的形式记忆下面的两组内容，统计出有关数据，但必须使用提示中的方法来记忆。

数字：187105341279826587663890278643

［提示：使用谐音的方法给每个数字确定一个代码字，连成一个故事。故事大意：你原来很胆小，服了一种神奇的药后，大病痊愈，从此胆大如斗，连杀鸡这样的"大事"也不怕了，一刀砍下去，一只矮脚鸡应声而倒。为了庆祝，你和爸爸，还有你的一位朋友，来到酒吧。你的父亲饮了63瓶啤酒，大醉而归。走时带了两个西瓜回去，由于大醉，全都丢光了。现在，你正给

你的这位朋友讲这件事，你说："一把奇药（1871），令吾杀死一矮鸡（0534127），酒吧（98），尔来（26），吾爸吃了63啤酒（58766389），拎两西瓜（0278），流失散（643）。"]

词语：火车　黄河　岩石　鱼翅　体操　惊讶　煤炭
　　　茅屋　流星　汽车

学习所用的时间：

重复的次数：

默写出错率：

此时的时间：

4小时后默写出错率：

〔提示：把10个词语用一个故事串起来，请在读故事时一定要像看电视剧一样在脑中映出这个故事描述的画面来。故事如下：一列飞速行驶的"火车"在经过"黄河"大桥时撞在"岩石"上，脱轨落入河中，河里的"鱼"受惊之后展"翅"飞出水面，纷纷落在岸上，活蹦乱跳，像在做"体操"似的。人们目睹此景大为"惊讶"，驻足围观。有几个聪明人拿来"煤炭"，支起炉灶来煮鱼吃。煤不够了就从"茅屋"上扒下干草来烧。鱼刚煮好，不料，一颗"流星"从天而降砸在炉上。陨石有座小山那么大，上面有个洞，洞中开出一辆"汽车"来，也许是外星人的桑塔纳吧。〕

通过比较两次学习的效果，可以看出：使用后面提示中的记忆方法来记忆时，时间短，记忆准确，效果持久。

其实，许多行之有效的记忆训练方法还鲜为人知，本书就将为你介绍很多有效的训练方法。如果你能掌握并运用好其中的一个方法，你的记忆就会被强化，一部分潜能也就会被开发出来而产生很可观的实际效果；如果你能全面地掌握并运用好这些训练方法，使它们在相互协同中产生增值效应，那么你的记忆力就会有惊人的长进，近于无穷的潜能也会释放出来。多数人自我感觉记忆不良，大多是记忆方法不当所造成的。

所以，我们要相信自己的大脑，它就犹如照相底片，等待着信息之光闪现；又如同浩瀚的汪洋，接纳川流不息的记忆之"水"——无"水"满之患；还好像没有引爆的核材料，一旦引爆，它会将蕴藏的超越其他材料万亿倍的核热潜能释放出来，让你轻而易举地腾飞，铸就辉煌，造福人类和自己。

当然，值得注意的是，虽然记忆大有潜力可挖，但是也不要滥用大脑。因为脑是一个有限的装置——记忆的容量不是无限的，一瞥的记忆量很有限。过频地使用某些部位的脑神经细胞，时间一久，还会出现功能降减性病变（主症是效率突减），脑细胞在中年就不断地死亡而数量不断地减少，其功能也由此而衰退……

故此，不要"锥刺股，头悬梁"地去记忆那些过了时的、杂七杂八、无关紧要、结构松散、毫无生气、可用笔记以及其他手段帮助大脑记忆的信息。

明确记忆意图，增强记忆效果

美国心理学家威廉·詹姆斯说："天才的本质，在于懂得哪些是可以忽略的。"

很多人可能有这样的体会：课堂提问前和考试之前看书，记忆效果比较好，这主要是因为他们记忆的目的明确，知道自己该记什么，到什么时候记住，并知道非记住不可。这种非记住不可的紧迫感，会极大地提高记忆力。

南京工学院原讲师韦钰到德国进修，靠着原来自修德语的一点基础，仅用了四个月的时间就攻下了德语关，表现出惊人的记忆能力。这种惊人的记忆力与"一定要记住"的紧迫感有关，而这种紧迫感又来自韦钰正确的学习目的和研究动机。

韦钰的事例证明，记忆的任务明确，目的端正，就能发掘出各种潜力，从而取得较好的记忆效果。有时，重要的事情遗忘的可能性比较小，就是这个道理。

不少人抱怨自己的记忆能力太差，其实这主要是在于学习的动机和目的不端正，学习缺乏强大的动力，不善于给自己提出具体的学习任务，因此在学习时，就没有"一定要记住"的紧迫感，注意力就不容易集中，使得记忆效果很差。

反之，有了"一定要记住"的认识，又有了"一定能记住"的信心，记忆的效果一定会好的。

基于以上原因，我们在记忆之前应给自己提出识记的任务和要求。例如，在读文章之前，预先提出要复述故事的要求；去动物园之前，要记住哪些动物的外形、动作及神态，回来后把它们画出来，贴在墙壁上。这就调动了在进行这些活动中观察、注意、记忆的积极性。

另外，光有目的还不行，如很多人在考试之前，花了很多时间记忆学习，但考试之后，他努力背的那些知识很快就忘记了，因此，记忆时提出的目的还应该是长远的、有意义的、有价值的、有一定难度的。

记忆目标是由记忆目的决定的。要确定记忆目标，首先要明确记忆的目的，即为了什么去进行记忆，然后根据记忆目的确定具体的记忆任务，并安排好记忆进程。对于较复杂的、需要较长时间来进行记忆的对象来说，应把制定长远目标和制定短期目标相结合，把长远目标分成若干不同的短期目标，通过跨越一个个短期目标去实现长远目标。

明确记忆目标，主要不是一个记忆的技巧问题，而是人的记忆动机、态度、意志的问题。在强大的动机支配下，用认真的态度和坚强的意志去记忆，这就是明确记忆目标的实质。我们懂得记忆的意义后，便会对记忆产生积极的态度。

确定记忆意图还要注意以下两个方面。

要注意记忆的顺序

例如，记公式时首先要理解公式的本质，而后通过公式推导来记住它，再运用图形来记住公式，最后是通过做类型题反复应用公式，来强化记忆。有了这样一个记忆顺序，就一定会牢记这些数学公式。

记忆目标要切实可行

在记忆学习中，确立的目标不仅应高远，还要切实可行。因为只有切实的目标才真正会激发人们为之奋斗的热情，才使人有信心、有把握地把目标变为现实。

总之，要使自己真正成为记忆高手，成为记忆方面的天才，你首先要做的就是要有一个明确的记忆意图。

记忆强弱直接决定成绩好坏

记忆力直接影响我们的学习能力，没有记忆，学习就无法进行。英国哲学家培根说过，一切知识，不过是记忆。记忆方法和其中的技巧，是学生提高学习效率、提升学习成绩的关键因素，没有记忆提供的知识储备，没有掌握记忆的科学方法，学习不可能有高效率。现在学生的学习任务繁重，各种考试应接不暇，如果记不住知识，学习成绩可想而知，一考试头脑就一片空白，考试只能以失败告终。

如果我们把学习当作一场漫长的征途，那么记忆就像是你的交通工具，交通工具的速度直接关系到你学习成绩的好坏，即它将直接决定你学习效率的高低。俗话说得好，牛车走了一年的路程，还比不上飞船 1 小时走得远。在竞争日益激烈的今天，谁先开发记忆的潜力，谁就成为将来的强者。

美国心理学家梅耶研究认为，学习者在外界刺激的作用下，首先产生注意，通过注意来选择与当前的学习任务有关的信息，忽视其他无关刺激，同时激活长时记忆中的相关的原有知识。新输入的信息进入短时记忆后，学习者找出新信息中所包含的各种内在联系，并与激活的原有的信息相联系。最后，被理解了的新知识进入长时记忆中储存起来。

在特定的条件下，学习者激活、提取有关信息，通过外在的反应作用于环境。简言之，新信息被学习者注意后，进入短时记忆，同时激活的长时记忆中的相关信息也进入短时记忆。新旧信息相互作用，产生新的意义并储存于长时记忆系统，或者产生外在的反应。

具体地说，记忆在学习中的作用主要有以下几点。

一、学习新知识离不开记忆

学习知识总是由浅入深、由简单到复杂，是循序渐进的。我们说，在学习新知识前，应该先复习旧知识，就是因为只有新旧知识相联系，才能更有效地记住新知识。忘记了有关的"旧"知识，却想学好新知识，那就如同想在空中建楼一样可笑。如果学习高中"电学"时，初中"电学"中的知识全都忘记了，那么高中的"电学"就很难学习下去。一位捷克教育家说："一切后教的

知识都根据先教的知识。"可见，记住先教的知识对继续学习有
多么重要。

二、记忆是思考的前提

面对问题，引起思考，力求加以解决，可是一旦离开了记
忆，思考就无法进行，问题也自然解决不了。假如在做求证三角
形全等的习题时，却把三角形全等的判定公理或定理给忘了，那
就无法进行解题的思考。人们常说，概念是思维的细胞，有时思
考不下去的原因是由于思考时把需要使用的概念和原理遗忘了。
经过查找或请教又重新回忆起来之后，中断的思考过程就可以继
续下去了。宋代学者张载说过："不记则思不起。"这话是很有道
理的。如果感知过的事物不能在头脑中保存和再现，思维的"加
工"也就成了无源之水、无米之炊了。

三、记忆好有助于提高学习效率

记忆力强的人，头脑中都会有一个知识的贮存库。在新的学
习活动中，当需要某些知识时，则可随时取用，从而保证了新知
识的学习和思考的迅速进行，节省了大量查找、复习、重新理解
的时间，使学习的效率大大提高。

一个善于学习的人在阅读或写作时，很少翻查字典，做习题
时，也很少翻书查找原理、定律、公式等，因为这些知识已牢牢
地贮存在他的大脑中了，而且可以随时取用。

不少人解题速度快的秘密在于，他们把常用的运算结果，常
用的化学方程式的系数等已熟记在头脑中，因此，在解题时就不

必在这些简单的运算上费时间了，从而可以把时间更多地用在思考问题上。由于记得牢固而准确，所以也就大大减少了临时运算造成的差错。

许多学习成绩差的人就是由于记忆缺乏所造成的。有科学研究表明，学习成绩差一些的人在记忆时会遇到两种问题：第一，与学习成绩优良的学生相比，学习成绩差一些的人在记忆任务上有困难；第二，学习成绩差一些的学生的记忆问题可能由于不能恰当地使用记忆策略。

尽管记忆是每个人所具有的一种学习能力，但科学有效的记忆方法并不是每一个学习者所能掌握的。一些学习者会根据课程的学习目的和要求，选择重点、选择难点，然后根据记忆对象的实际情况运用一些记忆方法进行科学记忆，并在自己的学习活动中总结出适合自己学习特点的方法，巩固学习效果，达到学有所成，学有所用。

寻找记忆好坏的衡量标准

人人需要记忆，人人都在记忆，那么怎样衡量记忆的好坏呢？心理学家认为，一个人记忆的好坏，应以记忆的敏捷性、持久性、正确性和备用性为指标进行综合考察。

一、敏捷性

记忆的敏捷性体现记忆速度的快慢，指个人在单位时间内能够记住的知识量，或者说记住一定的知识所需要的时间量。著名桥梁学家茅以升的记忆相当敏捷，小时候看爷爷抄古文《东都赋》，爷爷刚抄完，他就能背出全文。若要检验一个人记忆的敏捷性，最好的方法就是记住自己背一段文章所需的时间。

二、持久性

记忆的持久性是指记住的事物所保持时间的长短。不同的人记不同的事物时，其记忆的持久性是不同的。东汉末年杰出的女诗人蔡文姬能凭记忆回想出 400 多篇珍贵的古代文献。

三、正确性

记忆的正确性是指对原来记忆内容的性质的保持。如果记忆的差错太多，不仅记忆的东西失去价值，而且会有坏处。

四、备用性

记忆的备用性是指能够根据自己的需要，从记忆中迅速而准确地提取所需要的信息。大脑好比一座"仓库"，记忆的备用性就是要求人们对"仓库"中储存的东西提取自如。有些人虽然记忆了很多知识，却不能根据需要去随意提取，以致为了回答一个小问题，需要背诵不少东西才能得到正确的答案。就像一个杂乱无章的仓库，需要提货时，保管员手忙脚乱，一时无法找到一样。

记忆指标的这四个方面是相互联系的，也是缺一不可的。忽视记忆指标的任何一个方面都是片面的。记忆的敏捷性是提高记忆效率的先决条件。只有记得快，才能获得大量的知识。

记忆的持久性是记忆力良好的一个重要表现。只有记得牢，才可能用得上。记忆的正确性是记忆的生命。只有记得准，记忆的信息才能有价值，否则记忆的其他指标也就相应地贬值。记忆的备用性也是很重要的。有了记忆的备用性，才会有智慧的灵活性，才能有随机应变的本领。

衡量一个人记忆的好坏除了上面这四个指标外，记忆的广度也是记忆的一个重要的衡量标准。记忆的广度是指群体记忆对象在脑中造成一次印象以后能够正确复现的数量。

譬如，先在黑板或纸板上写出一些词语：钢笔、书本、大海、太阳、飞鸟、学生、红旗等，用心看过一遍后，再进行复述，复述的词语越多，记忆的广度指标就越高。测量一个人记忆的广度，典型的方法就是复述数字：先在纸上写出一串数字，看一遍后，接着复述，有人能说出 8 位数字，有人能说出 12 位，有人则只能说清 4 ~ 5 位，一般人能复述 8 ~ 9 位。说得越多，当然越好，但这只代表记忆的一个指标量。

总之，衡量记忆的好坏，应该综合考量，而不应该强调某方面或忽视某方面。

掌握记忆规律，突破制约瓶颈

减负长期以来都是一个热门话题，虽然减少课业量是一种减负方法，但掌握记忆规律，按记忆规律学习应该是一种更好的办法。

掌握记忆规律和法则就能更高效地学习，这对于青少年是十分重要的。记忆与大脑十分复杂，但并不神秘，了解它们的工作流程就能更好地加强自身学习潜质。

人的大脑是一个记忆的宝库，人脑经历过的事物，思考过的问题，体验过的情感和情绪，练习过的动作，都可以成为人们记忆的内容。例如英文学习中的单词、短语和句子，甚至文章的内容都是通过记忆完成的。从"记"到"忆"是有个过程的，这其中包括了识记、保持、再认和回忆4个过程。

所谓识记，分为识和记两个方面。先识后记，识中有记。所谓保持，是指将已经识记过的材料，有条理地保存在大脑之中。再认，是指识记过的材料，再次出现在面前时，能够认识它们。重现，是指在大脑中重新出现对识记材料的印象。这几个环节缺一不可。在学习活动中只要进行有意识的训练，掌握记忆规律和方法，就能改善和提高记忆力。

对于一些学习者来说，对各科知识中的一些基本概念、定律以及其他工具性的基础知识的记忆，更是必不可少。因此，我们在学习过程中，既要进行知识的学习，又要注意对自己记忆能力的培养。掌握一定的记忆规律和记忆方法，养成科学记忆的习惯，就能提高我们的学习效率。

记忆有很多规律，如艾宾浩斯遗忘曲线就是其中一个很重要的规律，我们可以根据这种规律进行及时适当的复习，适当过度学习，以使我们的记忆得以保持。

同时，也不可以一次记忆太多的东西，这就关系到记忆的广度规律。记忆力的广度性，指对于一些很长的记忆材料第一次呈现给你，你能正确地记住多少。记住的越多，你的记忆力的广度就越好。记忆的广度越来越大，记忆的难度就越来越大。如果你能记住的数字长度越长，你的记忆力力的广度性就越好。

美国心理学家 G. 米勒通过测定得出一般成人的短时记忆平均值。米勒发现：人的记忆广度平均数为 7，即大多数人一次最多只能记忆 7 个独立的"块"，因此数字"7"被人们称为"魔数之七"。我们利用这一规律，将短时记忆量控制在 7 个之内，从而科学使用大脑，使记忆稳步推进。

综上所述，记忆与其他一切心理活动一样是有规律的。我们应积极遵循记忆规律，使用科学的记忆方法去进行识记，从而不断提高自己的学习效果，增强学习的兴趣。

改善思维习惯，打破思维定式

思维定式就是一种思维模式，是头脑所习惯使用的一系列工具和程序的总和。

一般来说，思维定式具有两个特点：一是它的形式化结构；二是它的强大惯性。

思维定式是一种纯"形式化"的东西，就是说，它是空洞无物的模型。只有当被思考的对象填充进来以后，只有当实际的思维过程发生以后，才会显示出思维定式的存在，没有现实的思维过程，也就无所谓思维的定式。

思维定式的第二个特点是，它具有无比强大的惯性。这种惯性表现在两个方面：一是新定式的建立；二是旧定式的消亡。有时，人的某种思维定式的建立要经过长期的过程，而一旦建立之后，它就能够"不假思索"地支配人们的思维过程、心理态度乃至实践行为，具有很强的稳固性甚至顽固性。

人一旦形成了习惯的思维定式，就会习惯地顺着定式的思维思考问题，不愿也不会转个方向、换个角度想问题，这是很多人都有的一种愚顽的"难治之症"。

比如说看魔术表演，不是魔术师有什么特别高明之处，而是我们的思维过于因袭习惯之式，想不开，想不通，所以上当了。比如，人从扎紧的袋里奇迹般地出来了，我们总习惯于想他怎么能从布袋扎紧的上端出来，而不会去想想布袋下面可以做文章、下面可以装拉链。

人一旦形成某种思维定式，必然会对记忆力产生极大的影响。因为，思维定式使学生以较固定的方式去记忆，思维定式不仅会阻碍学生采用新方法记忆，还会大大影响记忆的准确性，不利于记忆效果和学习成绩的提高，例如，很多人都认为学习时听音乐会影响学习效果，什么都记不住，可事实上，有研究表明，选好音乐能够开发右脑，从而提高学习记忆效率。因此，青少年在学习记忆的过程中，应有意识地打破自己的思维定式。

那么，如何突破思维定式呢？

我们可从以下几个方面入手。

一、突破书本定式

有位拳师，熟读拳法，与人谈论拳术滔滔不绝，拳师打人，也确实战无不胜，可他就是打不过自己的老婆。拳师的老婆是一位不知拳法为何物的家庭妇女，但每每打起来，总能将拳师打得抱头鼠窜。

有人问拳师："您的功夫都到哪里去了？"

拳师恨恨地说："这个死婆娘，每次与我打架，总不按路数出招，害得我的拳法都没有用场！"

拳师精通拳术，战无不胜，可碰到不按套路出招的老婆时，却一筹莫展。

"熟读拳法"是好事，但拳法是死的，如果盲目运用书本知识，一切从书本出发，以书本为纲，脱离实际，这种由书本知识形成的思维定式反而使拳师遭到失败。

"知识就是力量。"但如果是死读书、只限于从教科书的观点和立场出发去观察问题，不仅不能给人以力量，反而会抹杀我们的创新能力。所以学习知识的同时，应保持思想的灵活性，注重学习基本原理而不是死记一些规则，这样知识才会有用。

二、突破经验定式

在科学史上有着重大突破的人，几乎都不是当时的名家，而是学问不多、经验不足的年轻人，因为他们的大脑拥有无限的想象力和创造力，什么都敢想，什么都敢做。下面的这些人就是最好的例证：

爱因斯坦 26 岁提出狭义相对论；

贝尔 29 岁发明电话；

西门子 19 岁发明电镀术；

巴斯噶 16 岁写成关于圆锥曲线的名著……

三、突破视角定式

法国著名歌唱家玛迪梅普莱有一个美丽的私人林园，每到周末总会有人到她的林园摘花、拾蘑菇、野营、野餐、弄得林园一片狼藉，肮脏不堪。管家让人围上篱笆，竖上"私人园林禁止入内"的木牌，均无济于事。玛迪梅普莱得知后，在路口立了一些大牌子，上面醒目地写着："请注意！如果在林中被毒蛇咬伤，最近的医院距此 15 千米，驾车约半小时方可到达。"从此，再也没有人闯入她的林园。

这就是变换视角，变堵塞为疏导，果然轻而易举地达到了目的。

四、突破方向定式

肖伯纳（英国讽刺戏剧作家）很瘦，一次他参加一个宴会，一位大腹便便的资本家挖苦他："肖伯纳先生，一见到您，我就知道世界上正在闹饥荒！"肖伯纳不仅不生气，反而笑着说："哦，先生，我一见到你，就知道闹饥荒的原因了。"

"司马光砸缸"的故事也说明了同样的道理。常规的救人方法是从水缸上将人拉出，即让人离开水。而司马光急中生智，用石砸缸，使水流出缸中，即水离开人，这就是逆向思维。逆向思维就是将自然现象、物理变化、化学变化进行反向思考，如此往往能出现创新。

五、突破维度定式

只有突破思维定式，你才能把所要记忆的内容拓展开来，与其他知识相联系，从而提高记忆效率。

有自信，才有提升记忆的可能

自信，在任何时候都十分重要。古人行军打仗，讲求一个"势"字，讲求军队的士气、斗志，如果上自统帅、下至走卒都有一股雄心霸气，相信自己会在战斗中取胜，那么，他们就会斗志昂扬。

最重要的是，这样的"自信之师"是绝不会被轻易击垮的。有无自信，往往在一开始就注定了该事的成败。记忆也离不开自信，因为它是意识的活动，它的作用明显地取决于人的心理状况。这是因为人在处理事情时思维是分层的，由下到上包括环境层、行为层、能力层、信念层、身份层，很多事情的焦点是在身份上的。两个人做一件事效果可以千差万别，这是因为他们对自己的身份定位决定了一切。

人的行为可以改变环境，而获得能力可以改变行为模式，但如果没有信念，就不容易获得能力。记忆力属于能力层，如果要做改变，就要从根本上改变身份和信念。在这个层次塔中，上面的往往容易解决下面的问题，如果能力出现问题，从态度上改变，能力的改变就会持久。如果不能从信念上根本改变，即使学会了记忆方法，也会慢慢淡忘。

一名研究人类记忆力的教授曾说："一开始的时候，对于要记忆的东西，我自信能记住。然而不久我就发现，事实并非如此。我总是试图记住所有的资料，但从未如愿过，甚至能牢记不忘的部分也越来越少了。这时，我就不由得产生了怀疑：我的记忆力是不是不够好呢？我是不是只能记住一丁点儿的东西而不是全部呢？能力受到怀疑时，自信心自然也就受到创伤，态度便不再那么积极了。再次记忆的时候对记不记得住、能记得住多少，就没

高效学习
学习高手的 10 个学习习惯

什么底了，抱着能记多少就记多少的态度，结果呢？记住的东西更少了，准确度也差了。而且见了稍多要记忆的东西就害怕，记忆的效果自然就越来越低。没了自信，就没了那一股气。兴趣没有了，斗志没有了，记忆时似散兵游勇般弄得对自己越来越没自信。不相信自己能记住，往往就注定了你记不住。"

那么，这股自信应该建立在怎样的基础上呢？它要怎样培养并保持下去呢？关键就在于如何在记忆活动中用自信这股动力来加速记忆。

某位心理学专家说："自信往往取决于记忆的状况，取决于东西记住了多少。如果每次都能高质量地完成，自信心就会受到鼓舞而得到增强，并在以后发挥积极作用；反之，自信心就会逐渐减弱，甚至最后信心全无。"

因此，树立记忆自信的关键就在于：决心要记住它，并真正有效地记住它。

培养兴趣是提升记忆的基石

德国文学家歌德说："哪里没有兴趣，哪里就没有记忆。"这是很有道理的。兴趣使人的大脑皮层形成兴奋优势中心，能进入记忆最佳状态，调动大脑两个半球所有的内在潜力，充分发挥自己的创造力与记忆的潜能。所以说，"兴趣是最好的老师"。

达尔文在自传中写道："就我在学校时期的性格来说，其中对我后来发生影响的，就是我有强烈而多样的兴趣，沉溺于自己感兴趣的东西，深入了解任何复杂的问题。"

达尔文的事例说明，兴趣是最好的学习记忆动力。我们做任何事情，都需要一定的兴趣，没有兴趣去做，自然就很难做好。记忆有时候是一件很乏味甚至很辛苦的事，如果没有学习兴趣，不但很难坚持下去，而且其效果也必然大打折扣。

兴趣可以让你集中注意力，暂时抛开身边的一切，忘情投入；兴趣能激发你思考的积极性，而且经过积极思考的东西能在大脑中留下思考的痕迹，容易记住；兴趣也能使你情绪高涨，可以激发脑肽的释放，而生理学家则认为，脑肽是记忆学习的关键物质。

英国戏剧大师莎士比亚天生就迷恋戏剧，对演戏充满了兴趣。他博闻强识，很快就掌握了丰富的戏剧知识。有一次，一个演员病了，剧院的老板就让他去当替补，莎士比亚一听，乐坏了，他用了不到半天的时间，就把台词全背了下来，演得比那个演员还好。

德国大音乐家门德尔松，在他 17 岁那年，曾经去听贝多芬第九交响曲的首次公演。等音乐会结束，回到家里以后，他立刻写出了全曲的乐谱，这件事震惊了当时的音乐界。虽然我们现在对贝多芬的第九交响曲早已耳熟能详，可在当时，首次聆听之后，就能记忆全曲的乐谱，实在是一件不可思议的事。

门德尔松为什么会这么神奇？原因就在于他对音乐的深深热爱。

兴趣促进了记忆的成功，记忆上的成功又会提高学习兴趣，这便是良性循环；反之，对某个学科厌烦，记忆必定失败，记忆的失败又加重了对这一学科的厌烦感，形成恶性循环。所以善于学习的人，应该是善于培养自己学习兴趣的人。

那么，如何才能对记忆保持浓厚的兴趣呢？以下几种建议，我们不妨去试一试：

（1）多问自己"为什么"；

（2）肯定自己在学习上取得的每一点进步；

（3）根据自己的能力，适当地参加学习竞赛；

（4）自信是增加学习兴趣的动力，所以一定要相信自己的能力；

（5）不只是去做感兴趣的事，而要以感兴趣的态度去做一切该做的事。

不仅如此，我们还要在学习和生活中积极地去发现、创造乐趣。

如果你想知道苹果好不好吃，就不能单凭主观印象，而应耐着性子细细品尝，学习的时候也一样。背英文单词，你会觉得枯燥无味，但是坚持下去，当你能试着把课本上的中文翻译成英语，或结结巴巴地用英语同外国人对话时，你对它就会有兴趣了。

在跟同学辩论的时候，时而引用古人的一句诗词，时而引用一句名言，老师的赞赏和同学们的羡慕，会使你对读书越来越有兴趣。

我们还可以借助想象力创造兴趣，把枯燥的学习材料变得好玩又好记。

观察力是强化记忆的前提

我们都有这么一个经验，当我们用一个锥子在金属片上打眼时，劲使得越大，眼就钻得越深。

记忆的道理也是如此，印象越深刻，记得就越牢固。深刻的事件、深刻的教训，通常都带有难以抹去的印痕。如你看到一架飞机坠毁，这当然是记忆深刻的；又如你因大意轻信了某人，被骗去最心爱的东西，这也容易记得深刻。

但生活中许多事情并不是这样，它本身并没有什么动人的场面和跌宕的变化，我们要想从主观上获得强烈的印象，就要靠细致地观察。

观察能力是大脑多种智力活动的一个基础能力，它是记忆和思维的基础，对于记忆有着决定性的意义。因为记忆的第一阶段必须有感性认识，而只有强烈的印象才能加深这种感性认识。眼睛接收信息时，就要把它印在脑海里。对于同一幅景物，婴儿的眼和成人的眼看来都是一样的，一个普通人及一个专家眼中所视的客体也是一样的，但引起的感觉却是大相径庭的。

达尔文曾对自己做过这样的评论："我既没有突出的理解力，也没有过人的机智。只是在觉察那些稍纵即逝的事物并对其进行精细观察的能力上，我可能在众人之上。"

我们应该像达尔文学习，不管记忆最终会产生什么效果，前提是一定要进行仔细地观察，只有这样做才能在脑海中形成深刻的印象。而认真观察的先决条件，就是必须有强烈的目的。

我们观察某一事物时，常常由于每个人的思考方式不同，每个人观察的态度与方法及侧重点也不同，观察结果自然也不同，这又使最后记忆的结果不同。

在日常生活中，你可以经常做一些小的练习训练你的观察力，譬如读完一篇文章后，把自己读到的情节试着记录下来，用自己的语言将其中的场面描绘一番。这样你就可以测试自己是否能把最主要的部分准确地记录下来，从而在一定程度上锻炼自己的观察力，这种训练可以称为"描述性"训练。为达到更好的训练效果，我们应该在平时处处留心，比如每天会碰到各种各样的人，当你见到一个很特别的人之后，不妨在心里描绘那人的特点。

或者，在吃午饭时我们仔细地观察盘子，然后闭上眼睛放松一会儿，我们就能运用记忆再复制的能力在内心里看到这个盘子。一旦我们在内心里看到了它，就睁开眼睛，把"精神"的盘子和实际的盘子进行比较，然后我们再闭上眼睛修正这个图像，用几秒钟的时间想象，然后确定下来，那么就能立刻校正你在想象中可能不准确的地方。

在训练自己的观察力时，我们还要谨记以下几点。

（1）不要只对刚刚能意识到的一些因素发生反应，因为事物的组成是复杂的，有时恰恰是那些不易被人注意的弱成分起着主导作用。如果一个人太过拘泥于事物的某些显著的外部因素，观察就会被表象所迷惑，深入不下去。

（2）不要只是对无关的一些线索产生反应，这样会把观察、思维引入歧途。

（3）不要为自己喜爱或不喜爱之类的情感因素所支配。与自己的爱好、兴趣相一致的，就努力去观察，非要搞个水落石出不可；反之，则弃置一旁。这样使人的观察带有很大的片面性。

（4）不要受某些权威的、现成的结论的影响，以致我们不敢越雷池半步，甚至人云亦云。这种观察毫无作用。

想象力是引爆记忆潜能的魔法

为什么说想象力是引爆记忆潜能的魔法呢？

这是因为，客观事物之间有着千丝万缕的联系。如果我们通过想象把反映事物间的那种联系和人们已有的知识经验联系起来，就会增强记忆。可以说，一个人的想象力与记忆力之间具有很大的相关性。如果一个人的想象力非常活跃，那么他往往很容易具备强大的记忆力，即良好的记忆力往往与强大的想象力联系在一起。

而想象通常与具体的形象联系在一起。比如，爱的象征是一颗心，和平的象征是鸽子，等等。

在记忆中，我们经常会碰到这样的情况：由于某样要记的东西对自己没有多大的实际意义，因此，也就没有什么兴趣去理解，此时只有靠死记硬背了，如电话号码、某个难读的地名译音。而死记硬背的效果是有限的，这时，你不妨运用一下想象力。

柏拉图这样说过："记忆好的秘诀就是根据我们想记住的各种资料来进行各种各样的想象……"

想象无须合乎情理与逻辑，哪怕是牵强附会，对你的记忆只要有作用，都可以运用。比如你要记住你所遇到的某人的名字，那么，也可用此法。

爱因斯坦的朋友在电话中告诉他电话号码是24361，爱因斯坦立刻记住了。原来他发现这是由两打加19的平方组成的，所以一下子就记住了。当然这种联想要有广博的知识作为基础。

当我们有意锻炼自己的想象力时，不要担心自己大胆的、甚至是愚蠢的想象，更不要怕因此而招来的一些讽刺，最重要的是要让这些形象在脑中清清楚楚地呈现，尽力把动的图像与不同的事物联系起来。想象力不但可以使我们记忆的知识充分调动起来，进行综合，产生新的思维活动，而且只要经常运用想象力，你的记忆力就会得到很大的改善，知识也比以前记得更牢固。

习惯十

学习高手通过输出知识强化学习

——能解决实际问题，才是有效学习

读万卷书，行万里路

"读万卷书，行万里路"是我国古人的一种求知模式，也是古人自我修养的重要途径。首先"读万卷书"，获得满腹经纶，再"行万里路"，亲历躬行、参证精思，知识水平、思想、见解就会飞跃到一个较高的层次。

清代钱泳在《履园丛话》中说："'读万卷书，行万里路'，二者不可偏废。每见老书生痴痴纸堆中数十年，而一出书房门，便不知东西南北者比比皆是；然绍兴老幕，白发长随，走遍十八省，而问其山川之形势，道理之远近，风俗之厚薄，物产之生植，而茫然如梦者，亦比比皆是。"

可见，知与行对立志有所作为的人都不可或缺。今天，我们很有必要走出学校的小天地，迈入生活、社会的大世界中。

在书本上学习的同时，杰出人物往往会通过"行"来证实自己的所知、所想、所感，在实践中怀疑，然后在实践中否定或者证实自己的怀疑。

司马迁的《史记》被鲁迅先生尊为"史家之绝唱"。他把历史人物和历史事件写得形象生动，在很大程度上得益于他19岁时的一次全国大游历。游淮阴，他追踪韩信早年的足迹；访齐鲁，他瞻仰孔庙，观察儒家习俗；到彭城，他听取汉高祖刘邦的传说故事；达大梁，他凭吊信陵君"窃符救赵"故事中的著名的夷门……

有了行万里路的亲身实践，司马迁的历史知识为之增多，使生活经验为之丰富，使眼界为之扩大，使心胸为之开阔，同时也使他接触到广大人民的真实生活，体会到人民的思想情感和愿望。

大诗人李白"五岁诵六甲，十岁观百家"，"十五观奇书，做诗凌相如"。而后又"仗剑去国，辞亲远游"，遨游于山水之中，因而才有了"君不见黄河之水天上来，奔流到海不复回"的大气磅礴，才有了"且放白鹿青崖间，须行即骑访名山"的无尽浪漫，才有了"飞流直下三千尺，疑是银河落九天"的奇妙想象，才有了"举头望明月，低头思故乡"的百结愁肠。

"诗圣"杜甫20岁以前北游齐赵，"会当凌绝顶，一览众山小"引起了无数人对"五岳独尊"的向往。他身历战乱之苦，才有了"感时花溅泪，恨别鸟惊心"的感叹，才有了"三吏""三别"这些流传千古的优秀诗篇。

王维亲历大漠，写下了"大漠孤烟直，长河落日圆"的千古名句。

明代地理学家徐霞客，从小刻苦读书，尤其喜欢历史、地理和探险游记类的书籍，他用30多年的时间，游遍了中国的山川五岳，给后人留下了"世间真文字"——《徐霞客游记》。他的游记中有关蝴蝶会的记载，若不亲眼目睹并记下来，我们又怎会知道天下有这一奇观？

为了完成《本草纲目》的著述，李时珍远出旅行考察，上山采药和拜访有实际经验的人。他历尽千难万险，中草药药材丰富的崇山峻岭都留下过他的足迹。白天深山采药，晚上对每一棵药草，从产地、栽培到苗、茎、叶、根、花、果以及形态、气味、功能等进行非常深入、细致的研究。李时珍辛勤劳动了19年，记下了数百万字的笔记，经过几十遍的反复修改，终于在60岁时完成了他的巨著《本草纲目》。全书分为16部62卷，共载药物892种，附方11096个，并附图1160幅，价值极高。

在自然世界中的实地探求，让李时珍名副其实地成为医药领域的杰出人士。

丹麦童话大师安徒生说过："旅行就是生活。"1831年，安徒生开始了他第一次国外漫游。他携着一把雨伞、一根手杖和简单的行囊游历了欧洲的所有国家，先后完成了《阿马格岛漫游记》《幻想》《旅行剪影》等作品。

大量的典型事例说明：要尽快地长大、成熟，开阔视野，成就一番事业，"读万卷书，行万里路"是极有促进作用的。

据报载，从10岁开始，北京女孩马宇歌就只身万里走天下。短短几年里，她独访大西北，勇闯青藏高原，走遍了除台、港、澳以外中国各省区市。

她说："在小学四年级的时候，那年我10岁。当时放暑假，爸爸的一个南京朋友邀请我过去做客，由于父母上班没时间陪我一同前往，经过他们同意，我只身去了南京。在江南，我结交了许多好朋友，后来又去了江北的南通、永东、淮南、淮北、徐州等地。这次出游让我受益匪浅，学到了很多东西。

从此，我就决定每个寒暑假都要在爸爸妈妈的赞同支持下，带着书本独自远游。

在一次次的出游中，独立处世、交往沟通……都得到了很好的锻炼。而且我长了见识，了解了各地的风俗文化，同时也结交了全国各地好多朋友。许多东西是在家、在课堂上根本学不来的……"

马宇歌的故事为我们提供了很好的借鉴之处。

下面有一些建议，立志"行万里路"的人可作参考：

1. 趁假期去一次农村、山区体验生活；

2. 邀几个志同道合的伙伴，做一回短期旅行；

3. 旅途中及时记下所见所闻，拍摄一些资料也很有用；

4. 了解相关知识，提高自我保护意识；

5. 随时与亲友联系，以免出现意外。

新时代必备：融入生活，培养综合能力

新世纪的青年，充满个性，喜欢张扬。在社会竞争日趋激烈的今天，青年人综合能力的培养越来越受到家长和社会的重视。

为了能够从庞大的竞争人群中脱颖而出，在未来求职就业、走向社会的道路上能够领先一步，开创自己与众不同的发展道路，提高自身基础素质，锻炼综合能力和社会适应能力刻不容缓。科学证明，许多影响人的一生行为或成就的基本素质，都形成于青少年时期，因此，青少年时期是实施素质教育、提高综合能力，促进其德智体全面发展的最佳时期和关键时期。提高青少年的综合能力正好符合了当前的素质教育。

什么是素质教育？

素质教育是指依据人的发展和社会发展的实际需要，以全面提高全体学生的基本素质为根本目的，以尊重学生主体性和主动精神，注重开发人的智慧潜能，注重形成人的健全个性为根本特征的教育。素质教育的主要内容包括 4 个方面：思想道德素质、科学文化素质、身体素质、心理素质和生活技能素质。素质教育的培养目标是教会学生学会做人，学会求知，学会劳动，学会生活，学会健体，学会审美。从这几方面着手，青年人的综合能力自然而然就提高了。

沈诞琦，复旦大学附中高二理科班学生。2005 年 8 月，她从年级组里最优秀的 10 名学生中脱颖而出，被美国著名中学 TAFT 寄宿制高中选中，作为复旦大学附中参加国际交流的学生，去该校完成高中学业。美国的学校向来重视多元文化的建设，因此，吸引 TAFT 寄宿制高中的不仅是沈诞琦每门学科的优异成绩，还有她各方面的综合能力。在复旦大学附中，沈诞琦曾多次组织大型论坛、演讲赛，并获得好评；而作为上海市青年人环保协会的副理事长，她还利用课余时间参与了多项课题研究。沈诞琦为什么如此幸运呢？下面我们一起看看究竟。

沈诞琦还在上幼儿园的时候，妈妈就见过不少家长下了班以后忙家务，等收拾了碗筷洗刷完毕之后已累得快趴下了，可是这一天的工作还没有完成，因为这才刚到了替孩子检查作业的时间。

两个月之后，妈妈从沈诞琦每天答题的"程序"中欣喜地发现，女儿不仅习惯了这种学习方式，甚至把不断缩短答题时间视为一种乐趣和对自己的挑战。

如果说在沈诞琦的成长过程中，学习习惯的养成，教会她作为学生应有的责任感，那么阅读习惯的养成，则帮助她打开了一扇通往知识海洋的大门。

沈诞琦在念小学二年级时，有一次晚饭后，她硬是缠着妈妈给她讲故事，可妈妈又不是"故事大王"，哪来那么多故事啊？情急之下，妈妈记起先前看过的那份《新民晚报》上"蔷薇花下"有一则故事很有意思，于是便绘声绘色地给女儿讲了起来。

"这个阿姨的行为很不好。"沈诞琦听完之后，歪着小脑袋沉思起来，"妈妈，这故事是真的还是假的啊？""这都是发生在我们生活中的一些不和谐的现象。"妈妈拿起报纸，指着"蔷薇花下"的这篇文章对女儿说："虽然妈妈没有亲眼看到，但是妈妈可以通过阅读报纸来了解啊。你现在是小学生了，与其听妈妈讲故事，还不如自己看故事。"

"可是报纸上面有好多字我都不认识，怎么办？"

"你可以查字典。"

打那以后，沈诞琦每天晚饭后必做的一件事就是展开报纸，仔细地阅读"蔷薇花下"的文章。遇到不认识的字，她会搬出字典，耐心地查阅。

以后她贪婪地从书中汲取各种养料，不断丰富着自己的知识架构，她的思维和理解能力也在阅读的过程中不断地得到提高和完善。

那一年，沈诞琦4岁，妈妈替她在少年宫的图画班报了名。谁知，才去了两次，沈诞琦便嚷着说不想再去。见女儿态度那么坚决，妈妈差点儿就打了"退堂鼓"，可转念一想，既然名都报了，怎么也得让她画完一学期吧，总不能就这样半途而废。于是，她对女儿说："好好画，妈妈准备为你开个家庭画展。"

果然，一个月之后，妈妈把女儿所有的画集中起来，镶在镜框里，像模像样地挂满了一屋子，还邀请亲戚和邻居来观摩"画展"。听到大人们称赞她画得好时，沈诞琦心里别提有多高兴，还一个劲儿摇着妈妈的手说："我以后还要开画展，我一定会画得比现在更好。"类似的画展后来又在沈诞琦的家里陆续开过几次，每一次的进步都见证着她的成长。

妈妈说："许多孩子对读书缺乏兴趣，其实是因为没有体会到成功的乐趣，这好比沈诞琦学画，家长需得多花些心思来激发孩子的兴趣，让她体验到成功的乐趣。"

每个人看了沈诞琦的故事，一定会羡慕她能力的全面，不仅学习好，而且知识广博；不仅自理能力强，而且兴趣广泛；不仅心理成长健康而且道德素质也很高，这才是 21 世纪的人才。

其实，只要从小注意培养自己各方面的能力，每个人都可以像沈诞琦一样优秀。

纸上得来终觉浅，绝知此事要躬行

真正的社会经济生活的运行，远比书本上的原则、定理丰富得多、复杂得多。书本把具体的、活生生的东西抽象掉了，给你一个理想的模式，而实际生活中，你必须认真对待和处理各种问题，包括一些搅得你不得安宁的、令人头痛的难题。因此，求得真知，必须将书本知识和丰富的实践知识结合起来。

要重视实践，积极投身实践。靠想当然，或凭猜想处理问题，倒不如亲身去试一试，闯一闯。有一年，外国一家报纸上登了一则广告："1 美元购买一辆豪华轿车。"人们都不相信。贝瑞见到这则广告半信半疑："今天不是愚人节啊！"但他还是揣着 1 美元，按报纸提供的地址找到了刊登广告的主人——一位高贵的少妇。少妇将贝瑞带到车库，向他介绍了要卖的一辆崭新的豪华轿车。贝瑞脑中闪现的第一个念头是："车肯定有问题。"主人让他试着开了一圈，车子全好正常。他又怀疑是赃物，少妇给他看了车的驾照和相关手续。于是，贝瑞付了 1 美元，购得了轿车。当他开车要离开时，终于探得了事情的原委。少妇告诉他："这是我丈夫的遗物。他把所有的遗产都留给了我，只有这辆轿车，是属于他那个情妇的。但他在遗嘱里把这辆车的拍卖权交给了我，所卖款项交给他的情妇——于是，我决定卖掉它，1 美元即可。"

贝瑞高兴地开着车子回家了。路上，遇到了好友约翰。约翰好奇地问这辆车子的来历。贝瑞如实相告，约翰一下了瘫倒在地上。"啊，上帝，一周前我就看到这则广告了。"

贝瑞凭 1 美元就买得了一辆轿车，是有点不可思议，可它告诉我们，有些事你若不去经历，也许一辈子都不能了解个中奥妙。有些看来十分离奇的事，只要你敢于实践，就有可能创造别人难以想象的奇迹。可见，任何知识的获得，万不能忽视亲身实践这个环节。

从生活中学习

人生处处皆有学问。生活、社会是一部浩如烟海的"无字"宝典，是一所最广阔最优秀的大学。古往今来，无数杰出人物差不多是从生活的实践中，总结窍门，发现机会，最终得以创造出一番事业的。

刘邦本是个毫无文化的农民，唯一的优点就是他十分擅长与人交际，他从天天与朋友喝酒赌博中，总结出与人交往的要诀，锻炼出察言观色的技巧。后来他威震海内，开创大汉基业，韩信也不由得感叹道："韩信善将兵，陛下善将将也！"

戏剧大师莎士比亚，14岁辍学，16岁打工谋生，在戏院从事最下等的工作，扫地、喊演员上场等，但是，就是在这样的环境里，他刻苦积累了一些舞台动作、念台词等方面的知识和窍门，为他以后的写作奠定了基础。

音乐家海顿，少年时候过着长期的流浪生活。他却在居无定所的漂泊中，不断完善自己对音乐的技巧，最终成了世界交响乐之父。

托尔斯泰在基辅公路上散步时，每当他遇到农民，就主动与他们进行攀谈，并时时在小本子上记下有用的东西，因此，托尔斯泰把这条公路称作他的"大学"。

达尔文对在剑桥大学所学的专业"神学"毫无兴趣。于是，他除了听生物课以外，还参加科学考察活动，向社会上的教师、农夫、工人学习。达尔文说："我认为，我所学到的任何有价值的知识都是在自学中得来的。"

虽然达尔文同时上了两所大学，但是"社会大学"给他的知识要比剑桥大学给他的知识更多。

高尔基曾这样说道："这个警察比我的那些教师们更透彻、更明白地为我讲明了当时的国家机构。"高尔基从"社会大学"中读"无字书"所获得的一切，为他日后所创作的"有字之书"提供了无限的源泉。这在高尔基的自传三部曲——《童年》《在人间》《我的大学》之中均有体现。

歌德说得好："人不是靠他生来就拥有一切，而是靠他从生活中所得到的一切来造就自己。"

所以，不仅应该勤读与爱好、兴趣、职业有关的"有字之书"，同时还应该领悟生活中的"无字之书"。

通过阅读"有字之书"，你可以学习前人积累的知识、前人学以致用的经验，并从中加以借鉴，避免走岔道、走弯路；通过读"无字之书"，你可以了解现实，认识世界，并从"创造历史"的人那里学到书本上没有的知识。

如果你想能尽快地读透"有字之书"，必须结合读"无字之书"。只有这样，"有字之书"才能记忆深刻、牢固。

"用自己的眼睛去读世间这一部活书。""倘只看书，便变成书橱，即使自己觉得有趣，而那趣味其实是已在逐渐硬化，逐渐死去了。"

那么，如何从生活中学习，读好这部"无字之书"呢？

1. 必须脚踏实地，有深入调查及求实的精神。这种精神，不但可以帮你纠正"有字之书"之中的错误，掌握真正的知识，而且能达到"学以致用"，赐予你新的知识。

2. 步步留心，时时在意，记下生活中的感悟、收获。

3. 多向专家、智者、甚至最普通的劳动者讨教生活中的学问。

做到学以致用，学习才有意义

蜜蜂采花粉是要酿蜜，燕子衔泥是要筑巢，人学习知识是为了运用知识。如果一个人读书万卷，却不懂得如何运用，那么这些知识也就等于是死的知识。死的知识不能解决实际问题，那学了又有何用？所以，不仅要懂得学习，还要懂得学以致用，唯有如此，才能使知识更富有意义。

我们应结合所学的知识参与学以致用的活动，提高自己运用知识的能力，使我们的学习过程转变为提高能力、增长见识、创造价值的过程。我们还应加强知识的学习和能力的培养，使知识与能力能够相得益彰、相互促进，发挥出巨大的潜力和作用。

曾有这样一个事例，讲的是近代化学家、兵工学家、翻译家徐寿与华蘅芳研制"黄鹄"号的事情，历来被作为学习致用的范例。徐寿在做这项工作时采取了十分慎重的循序渐进的科学态度。他首先试制了一个船用汽机模型，成功后又试制了一艘小型木质轮船。在此基础上，为精益求精，继续进行研究改进，最后成功制造了我国造船史上的第一艘实用性蒸汽轮船。取得了成熟的经验后，徐寿又主持研制了"惠吉""操江""测海""澄庆""驭远"等多艘轮船，为我国近代早期的造船业作出了巨大贡献。

然而，现实生活中很多人只是死读书、读死书，这样很容易产生一个结果，那就是完全地将书本中的知识原封不动地应用到实际当中去，从而受到一些条条框框的束缚，因此很难有所创新。

如《三国演义》里的马谡，他自称"自幼熟读兵书，颇知兵法"，但在街亭之战中，只背得"凭高视下，势如破竹""置之死地而后生"几句教条，而不听王平的再三相劝以及诸葛亮的叮咛告诫，将军营安扎在一个前无屏蔽、后无退路的山头之上，最后落得兵败失利、狼狈而逃、被斩首示众的下场。

所以，想获得成长就一定要学以致用，否则生搬硬套书本上的知识，必然给你所从事的事业带来损失。

19世纪末，制造飞机的热潮在全世界范围内一浪高过一浪。但一些知识丰富的大科学家却纷纷表态，发表自己的看法和见解，抵制飞机的制造。比如，法国著名天文学家勒让认为，要制造一种比空气重的机械装置到天上去飞行是根本不可能的；德国大发明家西门子也发表了相似的见解；能量守恒定律的发现者、著名的物理学家赫尔姆霍茨又从物理学的角度，论证了机械装置是不可能飞上天的；美国天文学家做了大量计算，证明飞机根本不可能离开地面。但是，令人想不到的是，1903年，连大学校门都没进过的美国人莱特兄弟凭着勇于创新的精神，将飞机送上了天，为人类作出了巨大贡献。

上述事例充分说明了"尽信书，不如无书"的道理。会学，更要会用。学习到的知识只有有效地运用到生活和实践中去，才会发挥其效用，否则就是一些死的、没有用的东西。

德国教育家第斯泰维克说："学问不在知识的多少，而在于充分地理解和熟练地运用你所知道的一切。"所以，在日常生活和工作中，我们应该把在学校里、在社会上所学到的知识都淋漓尽致地发挥出来。

想要做到学以致用，其实并不困难，可以从以下几个方面着手。

首先，将你的学习内容与目前和今后的生活、工作加以对比，以便清楚自己需要学习什么知识才能提高能力、学习什么知识才有利于全面发展。

其次，对于已经学习过的知识，可以用实际操作的方式加以验证。比如，学了物理电学后，可以去安装电灯、安装或维修半导体或电子管收音机；依据压力的定义，通过实际操作去测定某一重物对支持物所产生的压力；等等。

最后，把所学得的知识应用到社会实践中，综合地利用各门学科的知识。例如，学过化学后，参加化工厂的实际操作；或者运用物理学的力学原理去进行某种工具的改革；等等。

只有做到学习致用，学习才有意义，才能做到真正的成长。

发现和辨析事物间的联系

信息就是金钱，信息也是机会，谁对得到的信息反应最为敏捷，并迅速采取行动，谁就占有机会。任何机会，归根结底都是信息，收集的信息越多，获取的机会也就越多，这是不证自明的道理。

不过，一个成功的商人收集信息时应包括广义的、来自各方的信息，切不可只收集具体的经济信息，看起来是信息灵通，而对其他方面的事情则不太感兴趣，实际上还只是闭目塞听。毫无疑问，假若经营者只顾埋头进行具体经营，成天沉浸于自己的买入或卖出、盈利多少、资金周转等具体的事情，而对当时的形势不闻不问；购进一批因政策变动而即将大幅度降价的商品或货物，那么肯定蚀本。

此外，一个成功的商人即使获得了信息，也必须对信息进行加工、分析、处理。不然的话就会被不准确的，甚至错误的信息扰乱视线，卷入迷雾之中。因为信息往往扑朔迷离，变幻莫测，真假掺杂。所以切不可神经过敏，闻风而动，而应该在得到信息后头脑冷静，首先对信息的真假、价值等项作出明智的选择，然后再根据自己的具体情况来决定取舍。

伯纳德·巴鲁克是美国著名的犹太实业家、政治家和哲人，20多岁就已经由经营实业而成为尽人皆知的百万富翁。在事业稳步前进的同时，在政坛上也鹏程万里，呼风唤雨，从而赢得事业、权力的双丰收。1916 年，他被总统威尔逊任命为"国防委员会"顾问和"原材料、矿物和金属管理委员会"主席，时隔不久又被政府任命为"军火工业委员会"主席。1946 年任原子能委员会的代表，在 70 多岁的高龄时雄风不减。当年，他曾提出过建立一个以控制原子能的使用和检查所有原子能设施的国际权威的著名计划——"巴鲁克计划"。

和别的犹太商人一样，巴鲁克在创业伊始时也历尽千辛万苦。正是因为他善于发现事物之间的联系，在常人看来是风马牛不相及的事情，巴鲁克却发现它们之间存在的联系，从这种联系中找到属于自己的生意机会，并一夜暴富。

1898 年，即巴鲁克 28 岁那年的 7 月 3 日晚上，巴鲁克在家里忽然听到广播里传来消息说，美国海军在圣地亚哥将西班牙舰队消灭。这意味着很久以前爆发的美西战争即将以美国胜利而结束。巴鲁克意识到，战争即将结束，美国金融市场将随之快速反弹，甚至可能出现强劲势头。

7 月 3 日，这天正好是星期天，第二天即 7 月 4 日，也就是美国国庆日，一般而言，美国的证券交易所在国庆日不营业，但伦敦证券交易所则依旧工作。巴鲁克马上意识到，如果他能在黎明前赶到自己的办公室从伦敦交易所大把吃进股票，然后次日从美国交易所高价抛出，那么就能发一笔大财。

在 19 世纪末唯一能跑长途的只有火车，但火车晚上不运行。在这种让人干着急的情况之下，巴鲁克在火车站个人承包了一列专车，火速赶到自己的办公室，做了几笔让人羡慕的生意。

通过巴鲁克地例子，我们可以看出，只有灵活运用所学知识，敏锐发现事物之间潜在联系才能在激烈的竞争中取得成功。

图书在版编目（CIP）数据

高效学习：学习高手的 10 个学习习惯 / 达夫著
. -- 北京：中国华侨出版社，2021.5（2024.3 重印）
ISBN 978-7-5113-8516-1

Ⅰ.①高… Ⅱ.①达… Ⅲ.①学习方法 Ⅳ.
① G791

中国版本图书馆 CIP 数据核字（2021）第 072952 号

高效学习：学习高手的 10 个学习习惯

著　　者：达　夫
责任编辑：唐崇杰
封面设计：冬　凡
美术编辑：盛小云
经　　销：新华书店
开　　本：880mm×1230mm　　1/32 开　　印张：7.75　　字数：160 千字
印　　刷：三河市华成印务有限公司
版　　次：2021 年 5 月第 1 版
印　　次：2024 年 3 月第 4 次印刷
书　　号：ISBN 978-7-5113-8516-1
定　　价：38.00 元

中国华侨出版社　北京市朝阳区西坝河东里 77 号楼底商 5 号　邮编：100028
发 行 部：（010）88893001　　传　　真：（010）62707370

如果发现印装质量问题，影响阅读，请与印刷厂联系调换。